Monika Wehn
Kleine Signale – große Wirkung

Monika Wehn

Kleine Signale – große Wirkung

Körpersprache verstehen und einsetzen

Brendow
VERLAG + MEDIEN

Bibliografische Information der Deutschen Bibliothek
Die Deutsche Bibliothek verzeichnet diese Publikation in der Deutschen Nationalbibliografie; detaillierte bibliografische Daten sind im Internet über http://dnb.ddb.de abrufbar.

ISBN 3-86506-006-4

Einbandgestaltung: BrendowCreativ, Moers
Titelfoto: Gettyimages
Innenillustration: Oliver Wehn
Satz: Hans Winkens, Wegberg
Druck und Bindung: Clausen & Bosse, Leck
Printed in Germany

www.brendow-verlag.de

Inhalt

Kapitel 1

Körpersprache sagt mehr als Worte 7
Körpersprache verrät die wahren Gefühle 7
Informationsflut führt zu Fehlinterpretationen 9
Wissen schützt vor Manipulation 11

Kapitel 2

Die spannende Welt der nonverbalen Kommunikation 21
Mimik 21
Lächeln ist ein soziales Signal 22
Was der Mund verrät 28
Stressbarometer Unterkiefer 31
Nasen lügen nicht 33
Augen sind wie Fenster zur Seele 35
Gestik 45
Die Mischung macht's! 46
Die Sprache der Hände 55
Drohgebärden und Fingerspiele 59
Tonfall 67
Die Stimme bestimmt die Persönlichkeit 67
Stimme und Ohren sind untrennbar verbunden 72
Stimmlagen sind veränderbar 73
Haltung 84
Die Haltung entlarvt Lügen 84
Eine gerade Haltung signalisiert Selbstsicherheit 85
Kopfhaltungen und ihre Bedeutung 87

Abstand 92
Wie viel Privatsphäre braucht der Mensch? 92
Die vier Distanzzonen 96

Kapitel 3
Verlängerte Körpersprache 101
Von den Socken bis zum Scheitel 101
Düfte beeinflussen die Sympathie 108
Liebliche Klänge und ohrenbetäubender Lärm 113
Raum- und Objektsprache 117
Raumgemäßes Verhalten 117
Objektsprache 120

Kapitel 4
In der Praxis 125
Die Körpersprache beim Flirt 125
Am Anfang steht der Initial-Look 125
Frauen haben bessere Chancen 126
Für Frauen 127
Für Männer 127
Lockende Flirtsignale und autoerotische Berührungen 129
Die Gruppe hemmt beim Flirt 136
Körpersprache in der Partnerschaft 143
Nonverbale Signale verraten, was läuft 143
Beziehungen verändern sich 147
Lust oder Frust? 148
Wie wird sich die Beziehung entwickeln? 150

Bleiben Sie am Ball! 160

KAPITEL 1

Körpersprache sagt mehr als Worte

Körpersprache verrät die wahren Gefühle

»Am Freitag um acht? Okay, bis dann!«

Am Freitagabend sind Sie pünktlich und voller Erwartung am vereinbarten Treffpunkt – nicht aber die hübsche Blonde! Sie stehen sich die Beine in den Bauch, die Zeit wird lang und länger, während Sie grübeln: Was ist bloß los? Ist ihr etwas dazwischengekommen? Oder hat sie mich am Ende einfach versetzt ...?

Hören Sie auf zu grübeln! Kommen Sie lieber mit uns in die spannende Welt der nonverbalen Signale. Dann können Sie in Zukunft besser einschätzen, ob jemand die Wahrheit sagt oder nicht. Denn Körpersprache verrät die wahren Gefühle.

Dieses Buch ist keine wissenschaftliche Abhandlung, die Fachwissen erfordert, sondern ein unterhaltsamer, praxisnaher Ratgeber mit einer Fülle von lebendigen Beispielen mitten aus Berufsleben und Alltag.

Sie werden voller Staunen sehen, welch große Wirkung kleine Körpersprachsignale entfalten und welch wichtige Rolle Stimme, Tonfall und Klänge im Gespräch spielen. Sie werden überrascht sein, wie stark Berührung und Bewegung, Nähe und Distanz, Farben und Düfte die Gesprächsatmosphäre prägen.

Sie werden auch erfahren, ob Sie selbst unbewusst negative

Körpersprachsignale aussenden und deshalb bei manchen Menschen auf Widerstand stoßen.

Und Sie werden erkennen, wie Sie sich durch positive Körpersprache Aufmerksamkeit, Sympathie und Erfolg verschaffen können.

Es ist ein praktisches Buch. Sie werden sehen, wie viel Spaß es macht, die aus ihm gewonnenen Erkenntnisse gleich in die Praxis umzusetzen und Menschen und ihre Körpersprache zu beobachten. Wo immer Sie auch sein mögen, wenn Sie lernen, mit allen Ihren Sinnen Körpersprachsignale zu deuten und »Menschen zu lesen«, dann wird es Ihnen nicht mehr langweilig. Nicht, wenn Sie allein im Straßencafé oder in der Bahnhofshalle sitzen, und auch nicht, wenn sie in einer langen, uneffektiven Besprechung ausharren müssen.

Aber bitte: Fangen Sie nun nicht an, ihre Umwelt ununterbrochen zu sezieren und jede Bewegung zu kommentieren. Damit stoßen Sie auf erheblichen Widerstand. Niemand mag das Gefühl, sozusagen geröntgt zu werden und als gläserner Mensch quasi nackt vor den Augen anderer dazustehen.

Ich erinnere mich noch deutlich an die 70-er Jahre. Damals wurde die Transaktionsanalyse[1] populär, überall schossen Selbsthilfegruppen aus dem Boden, und man begann, alles zu »hinterfragen«. In unserer Clique gab es einen Mann, der dieses »Hinterfragen« bis zum Exzess betrieb. Jede harmlose Bemerkung griff er auf, spulte sein Halbwissen ab und nutzte jede Gelegenheit, andere gnadenlos bloßzustellen. Er fühlte sich uns allen haushoch überlegen. Mit diesem »Hinterfragen« aber machte er jegliche Spontaneität und jede Party kaputt.

Das Schlimme an der Sache war: Manchmal traf er wirklich ins Schwarze! Das war für die »Betroffenen« unangenehm,

1 Die Transaktionsanalyse ist ein psychologisches Modell zum Beobachten, Beschreiben und Verstehen von Persönlichkeit und sozialen Beziehungen zwischen Individuen und sozialen Systemen.

denn wer legt schon gerne seine Leichen im Keller frei? Meist aber lag er mit seinen Einschätzungen schwer daneben. Das war genauso unangenehm, weil er stur auf deren Richtigkeit beharrte und damit so manche Misstöne in unsere Feiern brachte.

Informationsflut führt zu Fehlinterpretationen

Die nonverbalen Signale wirken weitaus stärker als das gesprochene Wort. Unser Gehirn ist so beschaffen, dass es beim Anblick einer Person buchstäblich in Sekundenschnelle entscheidet, wie wir ihn oder sie einstufen: Sympathisch? Langweilig? Arrogant? Zuverlässig? Intelligent? Unsportlich?

In Sekundenschnelle sortieren wir einen Menschen in Schubladen ein. Anders, als dies bei einer rationalen Abwägung unseres Urteils der Fall wäre, geschieht der durch das nonverbale Verhalten ausgelöste Meinungsbildungsprozess automatisch. Während jemand spricht und wir die Worte hören, stürmt also eine Vielzahl von nonverbalen Informationen auf uns ein, die berücksichtigt werden müssen, um die Situation realistisch einzuschätzen.

Deshalb ist es unmöglich, jede Äußerung »richtig« zu deuten und die »richtigen« Schlüsse daraus zu ziehen. Es gibt nämlich in den meisten Situationen nicht nur eine einzige Möglichkeit zu handeln, also auch kein »Richtig« oder »Falsch«. Nur weil man selbst etwas für »richtig« erachtet, muss das noch längst nicht für andere gelten – außerdem entwickelt man sich ja weiter: Was einem heute richtig erscheint, kann nächste Woche oder in zehn Jahren längst überholt sein.

Zur Informationsflut gehört nicht nur die »klassische« Körpersprache, nämlich Mimik, Gestik, Tonfall, Haltung und Distanz. Eine Vielzahl weiterer Faktoren spielt bei der Einschätzung eine wichtige Rolle: zum Beispiel das Geschlecht und das Alter. Die Kleidung, Frisur und Accessoires. Die Hautfarbe und Nationalität. Der Gesundheits- und Bildungsstand. Die Ausdrucksweise und der Dialekt. Die Stimme und die Stimmung. Das Temperament und die Hierarchien. Der Händedruck und die Begrüßung. Statussymbole, Umfeld, Beleuchtung, Gerüche, Geräusche. Auch der Zeitpunkt ist wichtig. Werden Sie mitten in der Nacht vom schrillen Telefonklingeln geweckt? Wahrscheinlich reagieren Sie auf dieses Geräusch weitaus emotionaler als tagsüber im Büro.

Diese Informationsflut will in Sekundenschnelle verarbeitet werden. Das ist für menschliche Wesen einfach nicht möglich, schließlich sind wir keine Computer, in die man Parameter eingibt und die das Ergebnis berechnen. Menschen sind Individuen: Individuen mit unterschiedlichen Gefühlen, unterschiedlichen Temperamenten, unterschiedlichen Denkstrukturen, unterschiedlichen Erwartungen und unterschiedlichem Erfahrungshintergrund. Das führt zwangsläufig zu unterschiedlichen Bewertungen und Einschätzungen.

Machen Sie doch einmal ein einfaches Experiment: Stellen Sie sich mit ein paar Kollegen oder Bekannten zwei Minuten lang an ein Fenster. Anschließend schreiben Sie alle drei Details, die Sie von Ihrem Standort aus beobachtet haben, auf einen Zettel. Erstaunlich, wie unterschiedlich die Beobachtungen sind! Dem werdenden Vater fällt vielleicht die gerade vorbeilaufende Frau mit Kinderwagen ins Auge, dem BMW-Liebhaber das neueste Modell unten auf dem Parkplatz, die Katzenliebhaberin bemerkt den Kratzbaum im gegenüberliegenden Fenster, die Hundegegnerin registriert verärgert den Haufen auf dem Bürgersteig.

Jeder Reiseleiter kennt das Phänomen: Die ganze Gruppe macht ein und dieselbe Urlaubsreise. Alle fliegen im selben Flugzeug. Alle schlafen im selben Hotel. Alle erleben dieselben Besichtigungen. Alle bekommen dasselbe Essen. Und doch klafft die Beurteilung der gemeinsamen Erlebnisse oft meilenweit auseinander.

Oder denken Sie an zerstrittene Paare oder Kollegen. Je nach Erfahrungshintergrund und Erwartungshaltung schildert jeder die Situation völlig anders. Das beeinflusst wiederum die eigene Meinung und das weitere Verhalten.

Wissen schützt vor Manipulation

Je mehr Sie über Körpersprache und nonverbale Signale wissen, umso mehr sind Sie in der Lage, ganzheitlich, d. h. mit allen Sinnen, das Bündel der Informationen zu erfassen, die unausgesprochen im Raum und zwischen Ihren Mitmenschen schwingen. Sie können freche Täuschungsmanöver und Manipulationsversuche besser durchschauen und lassen sich nicht mehr so leicht beeinflussen.

Sie schärfen Ihren Blick für schüchterne Flirt- und Annäherungsversuche und stärken Ihre Kommunikationsfähigkeit in Job und Alltag. Sie werden erstaunt feststellen, wie oft Sie selbst – bewusst oder unbewusst – versuchen, Ihre Mitmenschen zu beeinflussen, um Ihre eigenen Wünsche durchzusetzen. Jeder Mensch tut das, schon als Baby. Durch das Lächeln, mit dem das wenige Wochen alte Baby seine Mutter anstrahlt, ruft es bei ihr Entzücken hervor und bekommt dadurch Aufmerksamkeit und Zuwendung.

Natürlich lernt man nicht von heute auf morgen, Körpersprachsignale bewusst zu deuten. Es ist auch keinesfalls erstrebenswert, dieses Lernen bis zur Perfektion zu betreiben und jede Bewegung zu analysieren, weder die eigene noch die der anderen. Denn ein solches Verhalten würde die Kommunikation erheblich stören und die Spontaneität töten, so wie es damals unser Bekannter mit dem »Hinterfragen« tat.

Spaß fördert das Lernen

Sie wollen die Kommunikation ja nicht stören, sondern verbessern. Packen Sie also das verkrampfte Streben nach Perfektion zur Seite, und befassen Sie sich – mit einer gewissen Lockerheit und Sinnlichkeit und mit einer großen Portion Humor – mit der spannenden Welt der nonverbalen Kommunikation.

Denn wenn man mit Spaß lernt, bleibt erstens vieles besser haften, und zweitens hält man besser durch. Es ist nämlich gar nicht so einfach, jahrzehntelang eintrainierte, inzwischen automatisch ablaufende Verhaltensweisen zu ändern. Es ist wie beim Sport oder einer Diät: Einzelne Gewaltakte bringen nur Muskelkater anstatt der erwünschten Muskeln, einzelne Gewaltkuren bringen höchstens kurzfristige Erfolge, aber keine dauerhafte Figurveränderung.

Beim Lernen mit Spaß hilft Ihnen die »fette Henriette«, die Ihnen von nun an des Öfteren begegnen wird. Sie steht als Symbol für Verhaltensänderung, denn – so unbequem das auch ist – eine *nachhaltige* Veränderung kann nur dadurch erreicht werden, dass man sich das unerwünschte Verhalten immer wieder bewusst macht und dann, Schritt für Schritt, das *erwünschte* Verhalten erlernt, es sozusagen immer wiederkäut. So wie die fette Henriette. Die ist übrigens deshalb so fett, weil sie auch in allen meinen Seminaren mit dabei ist und immer wieder neue Lernhäppchen frisst …

Nachhaltiges Lernen funktioniert in mehreren Schritten: Zuerst wird der neue Stoff *erlernt* – und zwar am besten in klei nen, mundgerechten Häppchen, damit man sich nicht dran verschluckt. Dann werden diese Lernhäppchen immer wieder *geübt (*bzw. wiedergekäut*)*, und zwar so lange, bis man sie *kann* und sie zur *Routine* werden.

Erinnern Sie sich noch an Ihre ersten Fahrstunden? Mir kam das Linksabbiegen anfangs außerordentlich schwierig vor. Was der Fahrlehrer aber auch alles von mir wollte: in den Rückspiegel gucken. Den rechten Fuß weg vom Gaspedal und auf das Bremspedal. Mit dem rechten Fuß auf die Kupplung treten, aber mit Gefühl und ohne den Motor abzuwürgen. Gleichzeitig mit der Hand schalten, noch dazu in den richtigen Gang. Und außerdem das Fahrzeug steuern. Nicht zu vergessen, den Verkehr im Auge zu behalten, Schilder zu beachten ... Kein Wunder, dass ich mich in der ersten Fahrstunde total überfordert fühlte. Inzwischen habe ich das Linksabbiegen unzählige Male geübt, es ist mittlerweile zur Routine geworden.

Ähnlich verhält es sich mit den Körpersprach-Signalen. Anfangs ist man überfordert mit der Vielzahl der Details, die beachtet werden wollen. Je mehr man aber übt und alle Sinne zur Entschlüsselung einsetzt, umso mehr Routine bekommt man.

Das Wiederkäuen bzw. das *Bewusstmachen* ist die Kunst beim Lernen. Sie werden feststellen, dass Sie vieles, was Sie hier lesen werden, schon mal gehört, gesehen oder gefühlt haben. Die Lernhäppchen haben Sie schon mal verschlungen, aber nicht richtig verdaut. Oder anders ausgedrückt: Der neu erlernte Stoff ist durch die Löcher in Ihrem Wissensnetz gefallen, Sie konnten ihn nämlich nicht mit bereits vorhandenem Wissen auf diesem Gebiet verknüpfen. Somit ist dieses Wissen »nicht hängen geblieben«.

In Ihrem Unterbewusstsein schlummern mit Sicherheit viele Wissenshäppchen zum Thema Körpersprache und Kommunikation. Diese können sie wieder aktivieren und in Zukunft bewusst mit neuen dazugehörigen Informationen verknüpfen.

Beobachten ist der erste Schritt

Stellen Sie sich vor, Sie wollen sich einen gemütlichen Frauennachmittag machen und sind zum Einkaufsbummel mit Ihrer Freundin verabredet. Aber was ist das? Gestern noch hat sie Ihnen voller Begeisterung und Euphorie stundenlang von ihrem neuen Freund vorgeschwärmt, sich tierisch auf den Abend gefreut, ja, sie schwebte regelrecht über das Straßenpflaster ... und nun schlurft sie mit hängenden Schultern, gesenktem Blick und verschmierter Wimperntusche um die Ecke! Obwohl Sie noch kein einziges Wort gewechselt haben, ist Ihnen blitzartig klar: Der Einkaufsbummel ist in Gefahr, die Freundin will jetzt Trost. Der Nachmittag kann anstrengend werden ...

Was tun? Es ist nicht nur das Problem Ihrer Freundin, auch Sie werden damit konfrontiert, ob Sie wollen oder nicht. Sie werden *unbewusst* beeinflusst, ob Ihnen das nun passt oder nicht.

Allerdings müssen Sie das nicht als gegeben hinnehmen, nicht, wenn Sie in der Lage sind, diese Beeinflussungen *bewusst* wahrzunehmen. Dann können Sie nämlich entscheiden, ob Sie sich von der negativen Stimmung anstecken lassen wollen oder ob Sie selbst die Regie übernehmen und die Situation in Ihrem Sinn beeinflussen.

Um beim obigen Beispiel zu bleiben: Es könnte passieren, dass Sie das nächste Café ansteuern, mit Ihrer Freundin auf die ganze Männerwelt schimpfen, beide tief im Jammertal versinken – und sich damit gegenseitig herunterziehen. Sie könnten Ihre Freundin aber auch einfach tröstend in den Arm nehmen, das Gesprächsthema aus dem heutigen Tag verbannen und beim Einkaufsbummel gemeinsam nach schönen

Dingen Ausschau halten – oder vielleicht auch nach neuen Männern ...?

Körpersprache spiegelt Gefühle nach außen

Unsere Sprache hält viele Bilder bereit, die zeigen, dass wir in der Kommunikation untereinander alle Sinne nutzen. Wir *hören* nicht nur, was gesagt wird. Wir *sehen* es. Wir *fühlen* es. Wir *riechen* es. Wir *schmecken* es.

So setzt jemand, der nicht *durchschaut* werden will, ganz bewusst ein *Pokerface* auf. Man *strahlt,* weil man eine gute Nachricht erhalten hat. Bei manchen Verkäufern sieht man förmlich das *Dollarzeichen in den Augen,* wenn sie einen guten Abschluss *wittern.*

Wenn man sich erschreckt, dann stehen einem die *Haare zu Berge,* oder man *fällt vor Schreck vom Stuhl,* oder man ist *wie gelähmt,* oder man *schreit auf* wie *von der Tarantel gestochen.* Manchem Redner *klopft das Herz bis zum Hals, die Kehle ist wie zugeschnürt* oder *die Knie werden weich.*

In Stresssituationen *fährt der Schreck in alle Glieder,* oder die *Beine versagen den Dienst.* Wer glücklich ist, könnte *Bäume ausreißen* oder *die ganze Welt umarmen.* Ungerechtigkeiten *stinken zum Himmel,* manchmal *schmeckt* einem die Arbeit nicht, man muss vieles *schlucken,* und wer sich darüber so richtig aufregt, könnte gar vor Wut *aus der Haut fahren.*

Ganz schön dramatisch, was da so alles verborgen im Körper brodelt, nicht wahr?

Die gesprochenen Worte, die *verbalen* Signale, sind gewissermaßen nur die Spitze des Eisbergs. Der Anteil der Informationen, die wir über diese verbalen Signale bekommen, ist sehr gering im Vergleich zu den Informationen, die wir über die Körpersprache – die *nonverbalen* Signale – aufnehmen.

Bereits im Jahr 1971 veröffentlichte der amerikanische Psychologe Albert Mehrabian seine berühmt gewordene Studie »Silent Messages«. Er kam zu dem Schluss, dass die Wirkung einer Botschaft zu 55 % von der Körpersprache (Auftritt, Bewegungen, Gestik, Mimik) abhängt, zu 38 % von der Stimme (Tonfall, Betonung, Artikulation) und nur zu 7 % vom Inhalt der gesprochenen Worte. Diese extremen Zahlen sind natürlich umstritten, es handelt sich dabei schließlich um reine Laborbefunde, die nicht so ohne weiteres auf den Alltag übertragen werden können.

Doch eine wesentliche Erkenntnis haben diese Forschungsarbeiten gebracht: Wenn Körpersprache und Inhalt nicht miteinander übereinstimmen, wirken die nonverbalen Signale weitaus stärker als die Worte.

Kongruente Botschaften fördern die Kommunikation

Die Körpersprache zeigt nämlich, was in unserem Inneren vorgeht und ob das, was wir sagen, mit dem übereinstimmt, was wir denken und fühlen. Ist das der Fall, spricht man von einer *kongruenten* Botschaft. Solche Botschaften werden ernst genommen und respektiert. Sie fördern die zwischenmenschliche Beziehung und das Verständnis untereinander.

»Das haben Sie wirklich gut gemacht!« Wenn Ihr Chef bei diesen Worten die Akte auf den Tisch legt, Sie freundlich und offen anlächelt, Ihnen in die Augen schaut, dann handelt es sich um eine kongruente Botschaft. Sein Lob ist echt und ehrlich gemeint und löst in Ihnen positive Gefühle aus.

Inkongruente Botschaften stören die Kommunikation

Knallt er hingegen die Akte auf den Tisch, mit gerunzelter Stirn, verkniffenen Mundwinkeln und einem spöttischen »Das haben Sie wirklich gut gemacht!«, dann handelt es sich um eine *inkongruente* Botschaft. Worte und Körpersprache stimmen nicht überein. Sie spüren genau, dass Sie in den Augen Ihres Chefs Mist gebaut haben und sein »Lob« vor Ironie nur so trieft. Solche ironisch gefärbten, inkongruenten Botschaften verunsichern den Empfänger stark und stören die Kommunikation ganz erheblich.

Aber auch unsichere, inkongruente Botschaften stören die Kommunikation. »Eigentlich kann ich das heute Abend nicht mehr machen. Ich würde heute gerne pünktlich gehen, weil ich noch so viel erledigen müsste.« Wer ein »Nein!« mit solchen Füllwörtern wie »eigentlich«, »würde« und »müsste«, mit einem unsicheren Lächeln und einer unsicheren Körperhaltung garniert, der kann es sich gleich sparen. Es wird nämlich nicht ernst genommen. Und trotz der Ablehnung landet die Arbeit auf dem Schreibtisch.

»Nein, vor dem Mittagessen gibt es keinen Schokoriegel!« Schon ganz kleine Kinder wissen ganz genau, ob es sich bei dieser Aussage um ein kongruentes »Nein!« handelt. Sie haben ein ganz feines, unverbildetes Gespür – der Tonfall, das Lächeln, die Augen, die Haltung der Mutter verraten, ob sie konsequent bleibt. Wehe, wenn nicht! Dann geht das Quengeln, Toben, Nerven los und dauert solange, bis das Ziel erreicht ist.

Inkongruente Botschaften entstehen oft auch aus dem Wunsch heraus, andere nicht zu verletzen. Ein Beispiel: Spät abends klingelt es. Ihre verheulte Freundin steht vor der Tür, sie hat offensichtlich Gesprächsbedarf. Eigentlich wollten Sie bald ins Bett gehen, weil Sie todmüde sind. Aber als verständnisvoller Mensch sagen Sie: »Das ist aber schön, dass du vorbeikommst.« Gleichzeitig schauen Sie verstohlen auf die Uhr ... Was glauben Sie: Wem wird Ihre Freundin wohl mehr vertrauen? Ihren Worten oder Ihrer Geste?

Im Grunde genommen sprechen und hören wir im Alltag ständig zwei Sprachen zugleich: die Wortsprache und die Körpersprache. Es gibt drei Möglichkeiten für das Verhältnis der beiden Sprachen zueinander.

1. *Wortsprache und Körpersprache bestätigen einander.*
   Das wäre im obigen Beispiel der Fall gewesen, wenn Sie mit freudestrahlendem Gesicht die Arme weit ausgebreitet und Ihre Freundin herzlich umarmt hätten.

2. *Die Körpersprache kann die Wortsprache ersetzen.*
   Die herzliche Umarmung ohne Worte hätte Ihrer Freundin zu verstehen gegeben, dass sie willkommen ist.

3. *Wortsprache und Körpersprache widersprechen sich.*
   Der dritte Fall ist der schwierigste, nun stecken Sie im Konflikt. Sie interessieren sich ja normalerweise wirklich für die Bedürfnisse ihrer Freundin und nehmen Anteil an ihren Gefühlen. Aber nicht jetzt. Sie haben nämlich ein eigenes heftiges Bedürfnis, Sie sind müde und wollen nicht die halbe Nacht lang Probleme wälzen. Was also tun, damit die Beziehung keinen Schaden erleidet?

Um solche Konflikte lösen zu können, müssen Sie sich erst einmal bewusst werden, was Sie gerade empfinden und die eigenen körpersprachlichen Signale bewusst wahrnehmen. In diesem Fall Ihre Müdigkeit und den Blick auf die Uhr. Dann können Sie Ihre Freundin immer noch herzlich in den Arm nehmen, eine halbe Stunde Gespräch gleich anbieten für einen Lageüberblick, und einen Termin für ein ausführliches Gespräch suchen, wo Sie ihr dann wirklich aufmerksam und von ganzem Herzen zuhören können.

Und was ist nun mit unserem Mann aus dem Eingangsbeispiel? Der steht sich immer noch die Beine in den Bauch. Die hübsche Blondine kommt nicht. Was soll er tun? Sie noch mal anrufen? Oder abhaken und vergessen?

Um diese Frage beantworten zu können, hätten wir die vorangegangene Abschiedsszene miterleben müssen. Nehmen

Zusammenfassung

- Körpersprache verrät die wahren Gefühle.
- Informationen werden mit allen Sinnen erfasst.
- Informationsflut führt zu Fehlinterpretationen.
- Wissen schützt vor Manipulation.
- Wortsprache und Körpersprache:
  - Die beiden Sprachen können einander bestätigen.
  - Körpersprache kann Wortsprache ersetzen.
  - Wortsprache und Körpersprache können sich widersprechen.

wir einmal an, sie hat mehrere Terminvorschläge abgelehnt: »Du, tut mir echt Leid, aber am Sonntag muss ich dringend an meiner Diplomarbeit schreiben.« Auf seinen Vorschlag: »Und was ist am Mittwoch?«, hat sie den Kopf geschüttelt: »Nein, du, da geht es leider auch nicht, da muss ich mit meiner Katze zum Tierarzt.« Auf seine nächste Frage: »Und wie wäre es heute in zwei Wochen?«, hat sie dann endlich »Ja« gesagt.

Wir wissen nicht: Waren die ersten beiden Antworten Ausreden, um sich vor einem klaren »Nein« zu drücken? Und hat sie am Schluss einfach nur zugestimmt, um den aufdringlichen Kerl endlich loszuwerden?

Oder waren der Sonntag und der Mittwoch tatsächlich schon vergeben?

Und er? Was soll er jetzt tun? Anrufen und nachfragen? Oder abhaken und vergessen?

Anhand der »nackten« Worte, die wir hier lesen, können wir das nicht beurteilen. Um Aufschluss über ihre Gefühle zu bekommen, hätten wir die körpersprachlichen Signale bei der Verabschiedung beobachten müssen, denn – wie gesagt – die Körpersprache spiegelt Gefühle nach außen.

Ob sie ihm innerlich zugeneigt oder abgeneigt ist, zeigt sich deshalb in ihrer Körperhaltung: Stand sie bei der Verabschiedung ihm zugewandt oder abgewandt da – sozusagen mit einem Fuß schon aus der Tür? Hat sie ihm bei ihren Antworten offen und lächelnd in die Augen geschaut – oder unsicher den Blick gesenkt? Klang ihre Stimme eher freundlich und bedauernd – oder eher gelangweilt, zurückhaltend, genervt? Hat sie ihm die Hand gegeben – oder schon eifrig in der Handtasche gekramt und den Autoschlüssel herausgezogen, um möglichst schnell von hier wegzukommen …?

KAPITEL 2

Die spannende Welt der nonverbalen Kommunikation

Alfred Hitchcock, der berühmte Regisseur, verstand es in seinen Filmen meisterhaft, durch nonverbale Signale eine immense Spannung aufzubauen, sodass dem Publikum regelrecht der Atem stockte. Diese Spannung wird nicht etwa durch die Worte der Schauspieler hervorgerufen, sondern durch ihre Körpersprache, und sie erfährt eine ungeheure Intensivierung durch die Fülle zusätzlicher Details: dramatische Musik, düstere Schauplätze, unheimliche Geräusche, Einblendungen, die den Zuschauer mehr wissen lassen als den Akteur. Diese nonverbalen Signale in ihrer Gesamtheit werden mit allen Sinnen erfasst und erreichen den Zuschauer unmittelbar auf der emotionalen Ebene.

Schauen wir uns zunächst einmal die fünf Faktoren an, die man dem Begriff Körpersprache zuordnet:

- Mimik
- Gestik
- Stimme
- Haltung
- Distanzen

Mimik

Die Mimik zeigt dem Gesprächspartner unsere Gemütsverfassung, oft deutlicher, als uns lieb ist. Schon der römische Philosoph Seneca wusste: »Deine Miene spricht aus, was auch immer du verheimlichst.«

Empfindungen wie Stolz oder Verachtung, Begeisterung oder Langeweile, Zufriedenheit oder Enttäuschung spiegeln sich in unserem Gesicht. Umgekehrt erhalten wir durch die Mimik unserer Gesprächspartner eine permanente Rückmeldung auf das eigene Verhalten: Hat unser Gegenüber die Worte akustisch *verstanden*? Und ist er oder sie damit auch *einverstanden*?

Man unterscheidet sechs Grundgefühle:

- Freude
- Trauer
- Angst
- Wut
- Überraschung
- Ekel

Sie sehen: Nur ein einziges Grundgefühl, nämlich die *Freude*, ist eindeutig positiv. Die *Überraschung* kann sowohl positiv als auch negativ sein. Die vier Grundgefühle *Trauer*, *Angst*, *Wut* und *Ekel* hingegen sind mit negativen, bedrückenden Empfindungen verbunden. Also eigentlich kein Wunder, wenn im Alltag die meisten Leute eher mit einem griesgrämigen Gesicht als mit einem strahlenden Lächeln umherlaufen.

Lächeln ist ein soziales Signal

Lächeln ist eine der ältesten menschlichen Kommunikationsformen, ein soziales Signal, das schon von weitem erkennbar ist und auf der ganzen Welt als Ausdruck positiver Gefühle verstanden wird.

Lächeln gehört zu den wichtigsten Signalen in der zwischenmenschlichen Kommunikation – es bringt Bestätigung, schafft Übereinstimmung und baut Brücken zwischen Menschen. Es verhindert bereits im Vorfeld Spannungen und Aggressionen und spielt eine wichtige Rolle beim Aufbau und Erhalt von emotionalen Beziehungen. Je mehr gelacht wird, umso stärker entwickeln sich die Bindungen in der Gruppe.

Das berühmteste Lächeln der Welt ist sicher das der Mona Lisa. Abertausende Menschen pilgern in den Louvre, um es zu sehen. Ihr Lächeln wirkt unergründlich, faszinierend, geheimnisvoll.

Aber nicht nur die Mona Lisa kann es. Wir alle können lächeln – oder konnten es mal, zumindest als Kind. Haben Sie schon einmal bewusst gesehen, wie ein Baby lächelt? Es scheint die direkte Verbindung von der Seele ins Gesicht zu sein.

Leider haben offensichtlich viele Menschen das Lächeln in dem rauen Wind, der ihnen im Erwachsenenleben um die Nase weht, verlernt. Kinder lachen weitaus mehr als Erwachsene – und Kinderlachen ist echt, fröhlich, unverfälscht und deshalb so ansteckend. Ein Kinderlachen drückt ein positives Gefühl aus: Spaß am Spiel, Stolz auf Erfolgserlebnisse.

Lächeln ist nicht immer positiv

Bei Erwachsenen ist das oft anders. Im Laufe der Jahre werden wir geprägt durch Erziehung und das kulturell soziale Umfeld. Wir lernen, dass es nicht immer ratsam ist, unsere Emotionen unmittelbar zu zeigen, sondern dass es oft besser ist, negative Gefühle durch ein Lächeln zu verschleiern und zu verstecken. Ein solches Lächeln gerät dann manchmal eher zur schiefen Grimasse – schließlich ist es nicht so einfach, die Form zu wahren und den Chef anzulächeln, wenn man ihm eigentlich lieber in den Hintern treten würde.

Im traditionellen Rollenbild benutzen Frauen ein solches verschleierndes Lächeln öfter als Männer. Denn Jungs lernen von klein auf, Aggressionen im Wettkampf und körperlichen

Attacken auszutragen. Ihr Ziel ist es, zu gewinnen, der Größte zu sein.

Bei Mädchen ist das anders. Hier werden offen gezeigter Ärger und Aggressionen als negativ bewertet. Das passt nicht zum Bild des süßen kleinen Mädchens, das mit Barbiepuppen spielt. Für Mädchen steht nicht der Wettbewerb im Vordergrund, ihr Ziel ist es, beliebt zu sein.

So setzen Frauen oft ein Lächeln als Entschuldigungs- oder Versöhnungsgeste ein, statt offen die Fronten zu klären. Sie neigen auch viel mehr als Männer dazu, Verlegenheit hinter einem Kichern zu verbergen. Und sie versuchen viel häufiger als Männer, Ärger und Aggressionen hinter einem Lächeln zu verstecken. Um des lieben Friedens willen weichen sie offenen Konfrontationen eher aus als Männer. Sie fürchten, sich unbeliebt zu machen, wenn sie die Wahrheit sagen.

Wer sich nach einem solchen Muster verhält, ist zwar – zumindest vordergründig – beliebt, kann sich aber bei Konfrontationen und im Wettbewerb nicht durchsetzen und kommt somit auf der Karriereleiter nicht weit.

Echtes Lächeln macht sympathisch

Probieren Sie doch mal aus, auf wie viele verschiedene Arten Sie lächeln können. Sind Sie gerade allein? Wunderbar! Dann üben Sie mal vor dem Spiegel, was Sie hinbekommen: ein strahlendes Lächeln. Ein verkniffenes Lächeln. Ein verführerisches Lächeln. Ein berechnendes Lächeln. Ein verlockendes Lächeln. Schaffen Sie auch dieses unechte zuckersüße aufgesetzte Verkäuferlächeln? Oder das schleimige Grinsen mancher männlicher Zeitgenossen? Oder das boshafte hinterhältige Mundwinkelverziehen alter Krimibösewichte ...?

Sie werden über die Bandbreite erstaunt sein, die Ihnen zur Verfügung steht. Und Sie werden staunen, wie sehr diese unterschiedlichen Arten zu lächeln Ihr Gesicht verändern.

Wahrscheinlich fällt es Ihnen allein im stillen Kämmerlein

mit dem Spiegel nicht so schwer, sich selbst Grimassen zu schneiden. Viel schwerer ist das, wenn man von anderen beobachtet wird.

»Wissen Sie eigentlich, wie Ihr Lächeln aussieht?« Das frage ich oft in Seminaren. Manchmal lasse ich einen Handspiegel herumgehen und alle dürfen sich mal im Spiegel anlächeln. Das kostet die meisten ein ziemliches Maß an Überwindung. Sich im Spiegel betrachten? Noch dazu, wenn alle zugucken? Wie peinlich! Manche bringen es überhaupt nicht fertig. Sie geben den Spiegel sofort weiter, als hätten sie sich die Hand verbrannt. Die meisten wagen es aber doch und sind positiv überrascht, wenn sie sehen, wie selbst so ein künstlich produziertes Lächeln ihr Gesicht verändern und zum Strahlen bringen kann. Denn wenn man sich darauf einlässt, wird aus dem künstlichen Lächeln bald ein echtes sympathisches.

> Probieren Sie es aus! Machen Sie den Bleistifttest: einfach einen Bleistift zwischen die Lippen klemmen und festhalten. Dabei werden dieselben Muskeln aktiviert wie bei einem echten Lächeln. Ich will mit diesem Test natürlich nicht zeigen, dass Sie sich einfach einen Bleistift zwischen die Zähne klemmen müssten, und alles wird gut. Das kleine Experiment soll Ihnen einfach bewusst machen, dass auch ein bewusst aufgesetztes Lächeln Ihre Stimmung heben kann.

Echt oder nicht? Die Unterscheidung fällt schwer

Wahrscheinlich werden die meisten Ihrer Mitmenschen den Unterschied nicht bemerken, ein falsches, aufgesetztes Lächeln ist nämlich auf den ersten Blick von einem echten kaum zu unterscheiden. Der große Unterschied liegt in der Entstehung, denn dabei werden unterschiedliche Bereiche des Gehirns, und damit auch verschiedene Gesichtsmuskeln, aktiviert.

Das falsche Lachen lässt sich willentlich produzieren. Der

bewusst kontrollierte Teil unseres Gehirns sendet in diesem Fall ein Signal an den Jochbeinmuskel, der dafür sorgt, dass sich die Wangenmuskeln zusammenziehen. Dadurch werden unsere Mundwinkel auseinander gezogen, und es entsteht der Eindruck, als würden wir lachen.

Beim echten Lachen hingegen entsteht das Signal automatisch im unbewussten Teil unseres Gehirns. Dabei werden nicht nur die Wangenmuskeln aktiviert, sondern auch die Augen spielen mit. Der Augenringmuskel und der Augenhöhlenmuskel ziehen sich zusammen. So entstehen die typischen Lachfalten rund um die Augen. Die können zwar manchmal auch bei einem falschen Lachen erscheinen, aber dann werden sie durch die angehobenen Backen verursacht.

Bei genauem Hinsehen kann man den Unterschied erkennen: Beim echten Lachen bewegt sich die Hautpartie zwischen Augenlid und Augenbraue, und das lässt das äußere Ende der Augenbrauen leicht herabsinken.

Ganz schön kompliziert, nicht wahr? In der Tat tun sich auch die meisten Menschen schwer damit, ein aufgesetztes Lächeln von einem echten Lachen zu unterscheiden. So genau beobachten wir unsere Mitmenschen nun doch nicht.

Allerdings gibt es jemanden, der Sie selbst sehr genau beobachtet, nämlich Ihr eigenes Gehirn! Es gibt einen engen Zusammenhang zwischen Denken und Fühlen.

Bodyfeedback – die Schaltzentrale im Gehirn

Unbewusst wahrgenommene Botschaften führen zu Stimmungen, Emotionen und Launen. Positive oder negative Gefühle machen sich dann im Inneren breit, und oft weiß man gar nicht genau, was einen gerade so herunterzieht oder in euphorische Stimmung versetzt.

Die Werbeindustrie nutzt das weidlich aus und setzt ganz gezielt Düfte und Musik als verkaufsförderndes Element ein. Zu Hause wundert man sich dann über so manchen Spontankauf. Wieso hat man sich bloß verleiten lassen, dieses teure Teil in der Boutique zu kaufen?

Auch negative Emotionen beeinflussen das Kaufverhalten und finanzielle Entscheidungen. Wer zum Beispiel schwer krank ist, greift nach jedem Wundermittel, das Linderung verspricht, und zahlt Preise, die man in gesundem Zustand nie und nimmer akzeptieren würde.

Unser Unterbewusstsein wird aber nicht nur von negativen und positiven Emotionen beeinflusst, sondern auch von *Subliminals*. Das sind Sprachbotschaften an das Unterbewusstsein. Hierbei werden gesprochene Sätze so leise in Musik eingearbeitet, bis sie nicht mehr bewusst hörbar sind. Man sieht sie nicht, man hört sie auch nicht, und trotzdem wirken sie mitten ins Unterbewusstsein hinein.

Beide, die bewusst und die unbewusst wahrgenommenen Botschaften, lösen Bilder im Kopf aus, die in Körpersprachsignale umgesetzt werden.

Die Schaltzentrale im Kopf registriert fein säuberlich Ihre Körpersprachsignale, zieht daraus Rückschlüsse auf Ihren Gemütszustand und veranlasst, dass Sie weiterhin in der eingeschlagenen Richtung agieren. Das nennt man Bodyfeedback oder Rückkopplungseffekt.

Wunderbar also, wenn Sie gut drauf sind! Dann läuft alles wie geschmiert, und Sie öffnen sich mit Ihrem Charme, Ihrem Lächeln, Ihren funkelnden Augen und Ihrer offenen Körperhaltung alle Türen.

Schlecht aber, wenn Sie nicht gut drauf sind! Vor allem dann, wenn Sie sich kurz vor einer Situation befinden, die Ihnen Bauchschmerzen macht. Ein Vortrag beispielsweise, in dem Sie selbstsicher und souverän auftreten wollen. Machen Sie sich in diesem Fall unbedingt den Rückkopplungseffekt zunutze und verändern Sie Ihre Mimik und Ihre Körperhaltung. Damit verändern sich auch Ihre innere Einstellung und Ihr Gemütszustand.

Zusammenfassung

- Körpersprache:
  Mimik. Gestik. Stimme. Haltung. Distanzen.
- Grundgefühle:
  Freude. Trauer. Angst. Wut. Überraschung. Ekel.
- Lächeln ist ein positives soziales Signal, das weltweit verstanden wird.
- Lächeln kann negative Emotionen verschleiern.
- Frauen benutzen ein verschleierndes Lächeln häufiger als Männer.
- Echtes Lächeln macht sympathisch, sogar ein unechtes Lächeln wirkt positiv.
- Ein unechtes Lächeln lässt sich willentlich produzieren und bringt das positive Bodyfeedback in Gang.

Was der Mund verrät

So ein Mund ist ein vielfältiges körpersprachliches Instrument. Sein Anblick kann leidenschaftliche Gefühle auslösen – sowohl positive als auch negative.

Schauen wir uns die Gefühle einmal näher an:

Wer einen *Schmollmund zieht,* will jemandem ein schlechtes Gewissen machen. In emotional engen Beziehungen kann man auf diese Weise wunderbar Machtkämpfe austragen.

Wer nur *einen Mundwinkel verzieht,* wirkt zynisch oder arrogant.

Ein *schmallippiger, zusammengekniffener Mund* zeugt von momentaner schlechter Laune und bei hartnäckigen Fällen auch von permanenter Nörgelei und Unzufriedenheit.

Ebenso *hängende Mundwinkel.* »Es gibt Frauen, da hängen die Mundwinkel weiter runter als der Busen«, klagte ein Inhaber einer Partnervermittlungsagentur. »Die hat man dann ewig in der Kartei.«

Notorische Mundwinkelhänger gibt es natürlich auch in männlicher Ausführung. Wer ein solches Exemplar zu Hause vor dem Fernsehapparat sitzen hat, das die Beine hochlegt und die ganze Arbeit seiner Frau überlässt, ist wahrhaft nicht zu beneiden. Auch im Job bremsen diese Nörgler die Zusammenarbeit und untergraben die Motivation im Team.

Vielen Menschen ist aber gar nicht bewusst, dass sie die Mundwinkel hängen lassen. Und nicht alle haben das Glück, dass sie von anderen darauf aufmerksam gemacht werden – so wie es mir vor etlichen Jahren ergangen ist.

Ich war damals höchstens 15, stand gedankenverloren an einem Treffpunkt und wartete auf eine Schulfreundin. Sie war hübsch, immer gut drauf, überall beliebt, von Jungs umschwärmt – ich bewunderte und beneidete sie, hatte sie doch alles, was ich nicht hatte. Wahrscheinlich ist mir gerade deshalb so lebhaft in Erinnerung geblieben, wie sie auf mich zusteuerte und kopfschüttelnd sagte: »Du liebe Zeit, bei dir hängen die Mundwinkel ja bis auf den Boden! Wenn du so 'ne Stinklaune hast, geh ich lieber allein in die Stadt.«

Ich war überrascht, denn ich hatte gar keine Stinklaune! Aber ich ließ die Mundwinkel immer hängen. War irgendwie bequemer so. Nach diesem Erlebnis allerdings begann ich, darauf zu achten, und siehe da, manchmal bekam ich selbst Angst vor meinem muffligen Gesichtsausdruck.

Probieren Sie es aus. Schauen Sie in einen Spiegel, wenn Sie irgendwo einen sehen, zum Beispiel im Kaufhaus an der verspiegelten Rolltreppe. Schauen Sie sich Ihre Mundwinkel genau an und fragen Sie sich: Hätte ich Lust, diesen Menschen zu küssen ...?

Küsse tun der Seele gut

Forschungen haben ergeben, dass Deutsche im Schnitt dreimal am Tag küssen. Angesichts der hohen Zahl der Singles und ramponierten Beziehungen scheint mir diese Zahl allerdings ziemlich hoch gegriffen zu sein – was eigentlich sehr schade ist, denn Küssen ist eine ausgesprochen angenehme Beschäftigung, eine ausdrucksstarke Körpersprache sozusagen, die Spaß macht und eine Menge Glückshormone ausschüttet.

Küsse können sogar sprechen. Sie verraten, ob der Küsser schüchtern ist, ängstlich oder ein Angeber. Ob er oder sie wirklich genießen kann oder fastfoodmäßig nimmt, was sich bietet. Ob er sensibel auf den anderen eingehen kann oder rücksichtslos agiert. Küsse können wirklich sehr unterschiedlich sein, sicher haben Sie das schon am eigenen Leib festgestellt.

Können Sie sich noch an Ihren ersten Kuss erinnern? Ich schon, sogar an das Datum, obwohl es ja nun doch schon einige Jahrzehnte her ist. Er kam unerwartet, dieser erste Kuss, und er fühlte sich ganz anders an, als ich mir das so ausgemalt hatte. Er trug mich keineswegs in den siebten Himmel und ließ mich auch nicht vor Glücksgefühl schweben, im Gegenteil, er fühlte sich unangenehm an, so richtig glitschig-schlabbrig-igittigitt. Ich war damals wirklich sehr enttäuscht.

Zum Glück hatte ich in den folgenden Jahrzehnten genug Gelegenheit, Küsse der angenehmen Art zu erleben und von den vielen Vorteilen zu profitieren. Denn auch aus medizinischer Sicht ist diese körpersprachliche Betätigung sehr empfehlenswert. Leidenschaftliche Knutscher leben angeblich bis zu fünf Jahre länger. Beim Küssen beschleunigt sich der Puls, der Blutdruck steigt, die Schilddrüsenfunktion wird erhöht und die Nebenniere setzt Adrenalin frei, was dann als positiver Stress bezeichnet wird. Auch der Kalorienverbrauch kann sich sehen lassen: zwölf Kalorien bei drei Minuten küssen.

Außerdem wird die Produktion des Stresshormons Kortisol eingeschränkt, dem man die Entstehung von Depressionen und Frustrationen nachsagt. Küssen ist also eine gute Therapie dagegen und stabilisiert das Seelenleben – was wiederum zu einer positiven Ausstrahlung führt. Also Bodyfeedback pur.

Einen weiteren Vorteil hat eine Versicherung herausgefunden: Geküsste Menschen fahren gelassener Auto und verursachen weniger Unfälle als nicht geküsste. Das ist leicht nachzuvollziehen: Ein Mensch, der morgens einen liebevollen Abschiedskuss bekommt, wenn er aus dem Haus geht, ist sicherlich beim Autofahren weit ausgeglichener und aufmerksamer als jemand, der die halbe Nacht streitend im Bett gesessen hat. In diesem Fall ist seine Energie am nächsten Morgen bestimmt nicht so sehr auf den Straßenverkehr konzentriert, sondern eher auf Grübeln und Hadern.

Auch im Berufsleben zeigt sich die positive Auswirkung: Geküsste Mitarbeiter sind – mal abgesehen von der ersten euphorischen Phase – effektiver und leistungsfähiger. Sie haben Energie frei für die Arbeit und zeigen eine höhere Frustrationstoleranzgrenze bei Problemen.

Und das Schönste: Küssen kostet nichts. Das kann sich jeder leisten – trotz hohen Euros und Gesundheitsreform.

Stressbarometer Unterkiefer

»Sie sehen ja einigermaßen intelligent aus, ich hätte Ihnen mehr zugetraut.«

Wir hatten gerade gemütlich zusammen eine Tasse Kaffee in unserer Kantine getrunken, als dieser messerscharfe Angriff plötzlich mitten in unser Geplauder platzte. Mein angesprochener Kollege stand regungslos da, seine Kiefern mahlten regelrecht, als bemühe er sich mit aller Gewalt, die Worte zurückzuhalten, die ihm auf der Zunge lagen. Aber die Chefin hatte sich schon herumgedreht und war hinausgerauscht.

Solche Situationen passieren oft, sowohl im Berufsleben, aber auch privat. Der Angriff kommt aus heiterem Himmel, sodass einem so schnell keine passenden Worte einfallen. Die unpassenden will man nicht aussprechen, und so muss unser Kiefergelenk als Emotionsbrücke herhalten. Hier setzt sich fest, was sich im Laufe des Tages an unausgesprochenen Gefühlen anstaut: Angst, Ärger, Wut, Aggressionen. Denn im Allgemeinen kontrollieren zivilisierte Menschen ihre Worte. Das ist auch wichtig für das Zusammenleben. Wo kämen wir hin, wenn wir immer und überall ehrlich und ungeprüft sagen würden, was wir denken? Zu viel Zivilisation tut aber auch nicht gut. Oft ist es für ein reibungsloses Zusammenleben wichtig, klare Grenzen zu setzen.

Gerade bei solch unerwarteten Angriffen aber ist es wirklich nicht leicht, die richtigen Worte zu finden. Das führt dazu, dass man oft den Mund hält, wenn man ihn eigentlich weit aufmachen sollte.

Wenn Sie bei jemandem bemerken, dass er oder sie *die Zähne zusammenbeißt,* dann ist das ein deutliches Signal für Stress. Man sieht förmlich, wie die Kiefermuskeln aufeinander gepresst werden und die Backenmuskeln mahlen, und hört fast die Zähne knirschen.

Sehr oft geschehen dieses Zähneknirschen und Zubeißen auch nachts im Schlaf. Dadurch entsteht ein ungeheurer Druck auf Zähne, Kiefer und Nackenmuskulatur, der zu schweren Verspannungen führen kann. Man wacht morgens auf und fühlt sich völlig gerädert. Abhilfe in diesem Fall kann übrigens eine vom Zahnarzt angefertigte Unterkieferschiene schaffen, die nachts getragen wird und dafür sorgt, dass der Unterkiefer locker bleibt. In hartnäckigen Fällen kann ein professionelles Stimmtraining helfen.

Kennen Sie solch einen Zähneknirscher? Dann sollten Sie versuchen, ihn oder sie lockerer zu machen und zum Lachen zu bringen. Dadurch wird nämlich der Dauerdruck auf diesen

Menschen unterbrochen, und es besteht die Chance, dass sich die ganze Person entspannt. Die Mühe lohnt sich auch für Sie, denn mit einem entspannten Menschen machen Gespräche und Arbeit viel mehr Spaß.

Oder könnten Sie selbst ein bisschen Lockerung gebrauchen? Gehen Sie doch zum Spiegel und schneiden Sie sich ein paar Grimassen. Lassen Sie mal den Unterkiefer so richtig hängen. Sieht doof aus, wenn der Mund so halb offen steht, nicht wahr? Als könnten Sie nicht bis drei zählen.

Es ist wirklich unglaublich, wie solch kleine Muskelbewegungen einen Gesichtsausdruck verändern. Wahrscheinlich wird es nicht lange dauern, bis sich ein kleines Lächeln auf Ihre Lippen stiehlt. Oder auf das Ihrer Kollegen, wenn die Sie zufällig dabei beobachten. In dem Fall können Sie mit großer Wahrscheinlichkeit davon ausgehen, dass es sich um ein echtes Lächeln handelt. Und so was tut dem Betriebsklima ja bekanntlich gut.

Nasen lügen nicht

Haben Sie schon mal die Nasen anderer Leute studiert? Es ist faszinierend, wie viele unterschiedliche Nasenformen es gibt und was sich mit diesem eigentlich eher unbeweglichen Körperteil in Verbindung mit der restlichen Mimik so alles ausdrücken lässt.

Man kann zum Beispiel *die Nase hoch tragen* und damit ein gehöriges Maß an Überheblichkeit signalisieren. Man kann sie rümpfen und zeigt damit: »Hier stinkt's!«, oder: »Mir stinkt's!«

Man kann damit *schnüffeln,* um einen unbekannten Geruch zu identifizieren. Für Weinkenner zum Beispiel ist das Riechorgan ein unverzichtbares Körperteil, um zum vollen Genuss zu kommen. Und für die Partnersuche spielt es eine wichtige Rolle, ob man sich »riechen« kann oder nicht.

Wenn ein Mensch plötzlich von Wut oder Ärger gepackt wird, fangen die *Nasenflügel* an *zu beben,* weil sich die Muskeln zu beiden Seiten der Nase zusammenziehen. Laut Verhaltensforscher Desmond Morris ist dies eine unbewusst ausgeführte Geste, die weltweit bei allen Menschen zu beobachten ist.

Dasselbe gilt für das *Berühren der Nase,* das laut Morris häufig auf eine Lüge hindeuten kann. Die Verbindung zwischen Nase berühren und lügen ist unklar, eine mögliche Erklärung wäre, dass der Gestikulierende sich lieber den Mund zuhalten würde, so wie das Kinder tun, wenn sie Unwahrheiten erzählen. Doch im letzten Moment stoppt das Unterbewusstsein diese Geste, weil sie zu auffällig wäre, und der Finger weicht auf die Nase aus.

Dass Nasen etwas mit Lügen zu tun haben können, habe ich schon als Kind gelernt: zum einen aus der Geschichte von Pinocchio, zum andern von meiner Mutter. Sie pflegte mir – wenn sie mir nicht so recht traute – mit dem Zeigefinger auf die Nase zu drücken und behauptete, bei einer Lüge würde meine Nasenspitze weiß. Ob das stimmte, konnte ich ja nicht sehen. Aber es musste wohl was dran sein, denn meistens hatte sie mich bei meinen kleinen Schwindeleien erwischt.

Gefährliche Aussagen

»Wenn dieser Kurs fertig ist, dann wissen Sie, ob jemand lügt!« Mit dieser vollmundigen Versprechung begann ein Körpersprache-Seminar, das ich vor einiger Zeit besuchte. Es handelte sich um einen Kurs, der an vier Abenden stattfand, jeweils drei Stunden. Die Runde hörte gespannt und erwartungsvoll zu. Ich traute meinen Ohren nicht. Woran man das denn erkennen könne, wollte ich wissen. »Dafür gibt es ein sicheres Zeichen«, tat der Kursleiter geheimnisvoll. »Aber das erfahren Sie erst am dritten Abend.«

Ja, und tatsächlich, da stand es dann in den Unterlagen: »Das Berühren der Nase ist ein sicheres Zeichen für Lügen.«

Für meine Begriffe sind solche Aussagen wirklich gefährlich, wird doch ein einzelnes Detail isoliert herausgegriffen und nicht in der Gesamtheit betrachtet. Das kann zu bösen Fehldeutungen führen. Schließlich muss nicht jedes Berühren der Nase eine Lüge bedeuten. Es könnte sich zum Beispiel ja auch einfach nur ein beginnender Schnupfen ankündigen.

Augen sind wie Fenster zur Seele

»Sie hat so wunderschöne, tiefgründige Augen«, schwärmte ein Bekannter von seiner neuen Freundin. »Man könnte sich darin verlieren. Ich habe das Gefühl, ich kann ihr direkt in die Seele schauen.«

Das kann ich gut nachvollziehen. Bei mir ist es auch so: Ob ich jemanden mag, hängt stark von den Augen ab. Ich teile nämlich die Menschheit nicht in Männer und Frauen ein, nicht in Junge und Alte, nicht in Dicke oder Dünne, sondern in *Glitzeraugen* (Energiespender) und *Nichtglitzeraugen* (Energiefresser).

Glitzeraugen sind die Menschen, die sich ihr inneres Kind bewahrt haben. Mal glitzern sie neugierig, mal fröhlich, mal traurig, auf jeden Fall sind sie innerlich noch lebendig und sehen auch die positiven Seiten im Leben. Es macht Spaß, mit ihnen zu reden, zu lachen, zu feiern. Es beflügelt die Energie, mit ihnen Ideen zu entwickeln und Projekte durchzuziehen. Glitzeraugen nehmen nicht nur Energie, sie geben auch viel zurück – im Gegensatz zu den energiefressenden *Nichtglitzeraugen,* die stumpf in die Umwelt schauen, als seien sie innerlich schon lange tot, und nörgelnd immer nur das Negative sehen.

Augen sind zweifellos das wichtigste körpersprachliche Ausdrucksmittel. Sie spiegeln die ganze Bandbreite menschlicher Empfindungen wider. Was können wir nicht alles in ihnen lesen? Ein verstohlener Blick von der Seite – er könnte einen schüchternen Flirtversuch bedeuten. Oder steckt ein schlechtes Gewissen dahinter? Oder eine betrügerische Absicht? Ein frecher Blick mit schief gelegtem Kopf – ist es eine deutliche Flirtaufforderung? Oder eine spöttische Provokation? Eine Kampfansage? Ein Blick aus glitzernden, funkelnden Augen: Ist er unternehmungslustig? Neugierig? Wütend? Dollargeil?

Blicke können warm, mitfühlend und verständnisvoll sein, aber auch kalt, stechend, durchdringend und messerscharf. Blicke können keck, neugierig und schuldbewusst sein. Sie können aber auch ausgesprochen arrogant wirken, obwohl sie oft gar nicht so gemeint sind. So wie im folgenden Beispiel:

Vor Jahren hatten wir einen Bekannten. Groß, sportlich, männlich – ein Bild von einem Mann. Was ich hasste, war die Arroganz, die er ausstrahlte! Er liebte es, mich mit Sprüchen wie »Hey, Kleine, sei mal ruhig, wenn Große miteinander reden!« auf die Palme zu bringen. Ich hatte jedes Mal große Mühe, das »Sachohr« einzuschalten und ruhig zu bleiben. Liebend gern hätte ich ihm bei solchen Bemerkungen in seinen knackigen Hintern getreten.

Doch dann hatte ich ein Schlüsselerlebnis. Es war zu der Zeit, als hohe Plateauschuhe modern waren. Gerade eben hatte ich ein solches Paar gekauft und stolzierte damit zur Haustür hinaus, als mir eine flüchtige Bekannte begegnete. Es war mir noch nie so aufgefallen, dass sie ein ganzes Stück kleiner ist als ich. Heute war das anders. Ich schaute von meiner hohen Warte auf sie herab und erwischte mich dabei, dass ich so etwas Ähnliches dachte wie: »Na, du Kleine, was willst du denn?«

Mit einem gewissen Erstaunen und Erschrecken stellte ich fest, dass ich diese »kleine« Frau im ersten Moment einfach nicht ernst genommen hatte. Weil ich mich viel größer fühlte. Mächtiger. Stärker.

Es war durchaus ein angenehmes Gefühl, und ich trug diese Schuhe, bis sie fast völlig auseinander gefallen waren. Mit meinem »arroganten« Bekannten kam ich plötzlich auch viel besser klar. Ich ließ mich nicht mehr von ihm provozieren, was dazu führte, dass er seine blöden Sprüche schnell einstellte.

Noch eine Erkenntnis gewann ich aus diesem Erlebnis: Es lässt sich viel besser mit Menschen argumentieren, denen man in die Augen schauen kann, ohne sich den Hals zu verrenken. Deshalb sollten Sie in kritischen Situationen darauf achten, Diskussionen möglichst im Sitzen zu führen. Da fallen Größenunterschiede nicht so ins Gewicht, und dieses »Von-oben-Herab« entsteht nicht so schnell. Und wenn Sie sitzen, und es kommt jemand geladen auf Sie zu, ist es besser, Sie stehen auch auf und richten sich auf, damit Sie möglichst auf einer Ebene sind.

Übrigens, nicht nur in kritischen Situationen mit Erwachsenen ist es wichtig, eine Blick-Ebene herzustellen und auf Augenhöhe zu gehen, sondern auch im Umgang mit Kindern.

Ich stand wartend in einer Drogerie an der Filmausgabestelle. Vor mir war eine Frau an der Theke, sie blätterte vertieft in den Fotos, die sie gerade abholte. Hinter ihr stand ein Kinderwagen. Der Junge darin, vielleicht ein Jahr alt, knabberte auf einem krümelnden Keks herum. Er schaute mich schräg von unten herauf an. Erst mal sehr vorsichtig.

Ich schaute schräg zurück. Erst mal sehr vorsichtig. Wie würde der Winzling auf eine Fremde reagieren? Ich ging zwei Schritte zurück und probierte den Mundwinkeltest. Siehe da, er lächelte zurück. Noch vorsichtig, aber doch neugierig. Schnell ein Blick zu seiner Mutter. Ja, sie war noch da, auch wenn sie ihm den Rücken zuwandte und nicht mitbekam, dass wir beide Kontakt aufgenommen hatten.

Wieder ein schräger Blick, diesmal schon sehr verschmitzt. Ich zwinkerte ihm zu. Fasziniert schaute er mich an. Schräg natürlich, denn er musste ja von unten nach oben schauen. Eine unbequeme Haltung, wenn man sich so den Hals verrenken muss. Ich weiß aus eigener Erfahrung, dass es regelrecht zu Genickstarre kommen kann, wenn man Großen in die Augen schauen will. Für ein Kind, denke ich, kann es zusätzlich Angst einflößend sein, wenn so ein großer Mensch vor ihm steht.

Also begab ich mich auf seine Ebene und ging in die Hocke. In gebührendem Abstand natürlich. Er schaute mich an, schaute weg, schaute wieder her. Wir flirteten regelrecht miteinander! Ich legte den Kopf schief, schaute ihm in die Augen und begann leise mit ihm zu reden. Er grinste übers ganze Gesicht und streckte mir schließlich seinen angeknabberten Keks entgegen.

So können Freundschaften entstehen! Auf Augenhöhe. Auf gleicher Ebene. Das gilt natürlich nicht nur für Begegnungen mit kleinen Kindern, sondern auch zwischen Erwachsenen. Wenn Sie also einen Flirt beginnen oder Freundschaften knüpfen wollen, sollten Sie sich möglichst auf gleiche Augenhöhe begeben. Die Begegnung auf der gleichen Ebene ist angenehm und spiegelt die innere Haltung wider: Dieser Mensch begegnet mir mit Achtung und Wertschätzung!

Das ist eine sehr wichtige Voraussetzung, denn nur, wer sich so verhält, kann später auch eine echte Beziehung aufbauen.

Fehlender Blickkontakt irritiert

Wer fähig ist, direkten Blickkontakt zu halten, zeigt Selbstbewusstsein. Ob der Blick vom Gegenüber als angenehm oder drohend gedeutet wird, hängt entscheidend von der Dauer ab. Drei bis sechs Sekunden werden normalerweise als angenehm, längere Blickkontakte eher als durchbohrend und unangenehm empfunden. »Er starrte mich an wie die Schlange das Kaninchen«, beschrieb unlängst eine Bekannte ein Erlebnis während einer Straßenbahnfahrt. Ein Mann saß ihr gegenüber. Er sagte nichts, er starrte nur. Sie war unter diesem Blick völlig unsicher geworden und floh an der nächsten Haltestelle aus der Straßenbahn.

Umgekehrt führt ein Vermeiden des Blickkontakts ebenfalls zur Störung der Kommunikation. Wer während einer Unterhaltung auf die Uhr schaut, seine Fingernägel studiert, auf den Bildschirm schielt oder Vorübergehenden nachschaut, zeigt deutlich sein Desinteresse. Wenn Ihnen das während eines Flirtversuchs geschieht, dann ist etwas schief gelaufen.

Ein Vermeiden des Blickkontakts kann aber auch bedeuten, dass ein Entscheidungsprozess im Gang ist. Ein Verkäufer ist in einer solchen Situation gut beraten, wenn er die sonstige Körpersprache des Kunden beobachtet und ihm Zeit lässt, »laut zu denken«.

Wenn Sie nicht angeschaut werden, kann das auch aus Unsicherheit geschehen, oft verbunden mit der Hoffnung, dass es jemand anderen erwischt. Schön ist das bei Seminaren zu beobachten, und zwar gleich am Anfang, wenn die Spannung fast greifbar im Raum schwebt, die meisten in der Runde noch ziemlich gerade und skeptisch abwartend auf ihren Stühlen sitzen, die Begrüßung beendet ist und die Vorstellungsrunde beginnen soll. Da zeigt sich immer wieder dasselbe Phänomen: Just zu dieser Zeit sind die meisten ausgesprochen beschäftigt. Man rückt die Handtasche am Stuhl zurecht, prüft, ob in der Ecke Spinnweben hängen, mustert die Einrichtung im Raum, zupft die Haare oder die Klamotten zurecht. Man schaut in alle möglichen Richtungen, bloß nicht in die Augen der Seminarleitung. Das Spielchen geht so lange, bis jemand die Spannung nicht mehr aushält und freiwillig beginnt.

Fehlender Blickkontakt signalisiert Desinteresse

Irritierend ist es aber auch umgekehrt, wenn ein Redner seine Zuhörer nicht anschaut. Ich erinnere mich an die Vorlesungen eines Psychologieprofessors an einer Uni. Regelmäßig pflegte er Monologe zu halten, während er die ganze Zeit über einen imaginären Fleck an der Decke fixierte. Dass die Zuhörer um die Wette gähnten, Papierkügelchen formten oder sich miteinander unterhielten, entging ihm völlig. Vielleicht war es ihm nicht wichtig? Vielleicht hat er es nicht bemerkt?

Wer andere nicht anschaut, signalisiert Desinteresse. Ein solches Verhalten irritiert, es kann sogar regelrecht beleidigend wirken und Aggressivität hervorrufen. Ich besuchte einmal ein Seminar, in dem auf eindrucksvolle Weise demonstriert wurde, welche Macht der fehlende Blickkontakt ausüben kann.

Wir bildeten Dreiergruppen, dann wurde jeweils eine Person aus diesen Dreiergruppen vor die Tür geschickt. Wir anderen bekamen die Aufgabe: »Hört der Person, die euch etwas erzählen wird, ungefähr eine Minute lang konzentriert zu. Dann fangt ganz langsam an, sie zu ignorieren. Schaut einfach irgendwohin, bloß nicht in ihre Augen.«

Die anderen wurden wieder hereingeholt. Wir saßen zu zweit nebeneinander, unser »Versuchskaninchen« saß uns gegenüber. Anfangs hörten wir beide brav zu, doch nach einer gewissen Zeit klinkten wir uns so langsam aus und ließen die Blicke im Raum umherschweifen. Nach wenigen Sekunden wurde die Erzählerin unsicher, blickte von einer zur anderen, sprach aber tapfer weiter, obwohl sie immer stockender wurde. Wir ignorierten sie inzwischen völlig, doch noch immer hielt unser armes Versuchskaninchen durch. Dann wandte ich mich meiner Nachbarin zu: »Du hast so ein schönes Seidentuch, das bewundere ich schon die ganze Zeit. Darf ich mal fühlen?« Und schon strich ich mit den Fingerspitzen darüber. In diesem Moment wurde unsere Sprecherin regelrecht aggressiv: »Jetzt reicht's! Das ist ja der reinste Psychoterror, den ihr da treibt!«

Dieses Rollenspiel hat sich mir tief eingeprägt. Natürlich

war mir schon vorher klar, dass die Augen das wichtigste körpersprachliche Mittel sind. Jeder Flirt beginnt damit, das wissen wir alle spätestens seit dem berühmten Ausspruch: »Schau mir in die Augen, Kleines!«

Und natürlich wusste ich auch, dass »Augen-Blicke« eine ungeheure Macht besitzen. Schließlich gibt es viele Sprachbilder, die verdeutlichen, wie ausdrucksstark sie sind und welch gegensätzliche Wirkung ein »Augen-Blick« haben kann. Man kann zum Beispiel jemanden *mit Argusaugen beobachten* – oder jemandem *schöne Augen machen*. Man kann jemanden *mit Blicken verzaubern* – oder *mit Blicken durchbohren*. Man kann jemanden *mit Blicken verschlingen* – oder gar *mit Blicken töten*. Man kann jemandem *etwas von den Augen ablesen* – oder jemanden *mit Blicken verfolgen*. Kurzum: Ein Blick spricht Bände.

Natürlich war mir auch vorher schon klar, dass fehlender Blickkontakt Desinteresse signalisiert. Aber in diesem Rollenspiel lernte ich: Es ist die größtmögliche Beleidigung, einen Menschen zu übersehen und ihn nicht anzuschauen! Denn dieser »Nicht-Augen-Blick« sagt: »Du bist Luft für mich!«

Die Augenbewegungen geben Hinweise auf die Gefühle

Der Alltag bringt viel Hektik mit sich, und oft geschieht es, dass wir andere nicht beachten und nicht auf ihre Wünsche und Gefühle eingehen: aus Gedankenlosigkeit, aus Zeitmangel oder weil uns in unseren Augen das, was dem anderen wichtig ist, nebensächlich erscheint. So verletzen wir schon mal andere, ohne es zu wollen und ohne es zu bemerken. Das stört die Beziehung und die Kommunikation.

Das muss nicht sein. Wer die Augenmuster aus dem NLP[2] lesen kann, kann auch sehen, welche Gefühle die eigene Wor-

2 NLP heißt neurolinguistisches Programmieren. NLP untersucht die Zusammenhänge zwischen den Prozessen auf der Körperebene (neuro) bezüglich der Sprache und der damit verbundenen veränderten inneren Gefühlszustände (linguistisch).

te und die Körpersprache beim anderen auslösen. So lassen sich Missverständnisse schnell ausräumen.

Die Richtung zeigt an, was im Geist geschieht

Im Gespräch bewegen sich die Augenpaare in verschiedene Richtungen. Nach Auffassung des NLP hängt die Richtung davon ab, was gerade im Geist geschieht. Man unterscheidet sechs Augenbewegungen.

Visuelles Erinnern

Stehen die Augen oben links? Das deutet darauf hin, dass Ihr »Versuchskaninchen« sich an etwas erinnert, was er oder sie in der Vergangenheit wirklich gesehen hat.

Beispielfragen:
Welche Farbe haben die Augen deiner Mutter?
Wer war gestern bei der Besprechung dabei?
Wie viele Türen hat deine Wohnung?

Visuelles Konstruieren

Stehen die Augen oben rechts? Das deutet darauf hin, dass Ihr Gesprächspartner ein Bild konstruiert, das er oder sie in dieser Art noch nicht gesehen hat.

Beispielfragen:
Stell dir einen rosaroten Elefanten vor.
Stell dir einen 5 Meter hohen Gartenzwerg vor.
Wie würdest du aussehen, wenn du 30 Kilo mehr Gewicht hättest?

Auditives Erinnern

Stehen die Augen in der Mitte links? Das deutet darauf hin, dass sich Ihr Gesprächspartner an gehörte Töne und Geräusche erinnert.

Beispielfragen:
Hörst du gerne Volksmusik?
Welcher deiner Kollegen hat die angenehmste Stimme?
Wie hört sich das Quietschen eines bremsenden Autos an?

Auditives Konstruieren
(Klänge Geräusche, Töne, Worte)

Stehen die Augen in der Mitte rechts? Das deutet darauf hin, dass Ihr Gesprächspartner in der Phantasie bisher noch nicht gehörte Töne, Geräusche oder Worte konstruiert.

Beispielfragen:
Wie würde es sich anhören, wenn ein Frosch sprechen würde?
Wie würde dein Auto klingen, wenn es 200 PS mehr hätte?
Wie würde es sich anhören, wenn dein Mann wie Veronika Feldbusch sprechen würde?

Innerer Dialog (Nachdenken, Zwiegespräch)

Stehen die Augen unten links? Das deutet darauf hin, dass er oder sie mit sich selbst einen inneren Dialog führt.

Beispielfragen:
Willst du mal jemanden richtig die Meinung sagen?
Wenn du etwas verpatzt hast, was sagst du dann zu dir selbst?
Welcher Buchstabe kommt im Alphabet vor dem »K« und welcher nach dem »O«?

Kinästhetisch
(Empfindungen, Gefühle, Geruch, Geschmack)
Stehen die Augen unten rechts? Das deutet darauf hin, dass sich Ihr Gegenüber auf Gefühle konzentriert.

Beispielfragen:
Wie fühlt es sich an, barfuß durch nasses Gras zu laufen?
Wie fühlt es sich an, unter einer eiskalten Dusche zu stehen?
Wie fühlt es sich an, eine Katze zu streicheln?

Zugegeben, es ist mühsam, diese Kunst zu erlernen, und es gehört viel Training dazu, um die Augenbewegungen zu erkennen. Sie sind natürlich auch nicht immer eindeutig.

Aber im Kontext mit anderen körpersprachlichen Signalen hilft Ihnen dieses Wissen im Job und im Leben weiter. An den Augen Ihrer Freundin sehen Sie, wenn Sie ihre Gefühle verletzt haben, und können die Sache gleich wieder ausbügeln. An den Augen eines Kunden sehen Sie, wie seine Zwiegespräche ausfallen, ob Sie noch Argumente nachschieben müssen oder ob er oder sie schon unterschriftsbereit ist.

Sie sind sich noch nicht sicher, ob Sie die Zeichen richtig deuten? Dann sammeln Sie weitere Beobachtungen. Schauen Sie sich die Gestik an!

Zusammenfassung

- Die Mimik zeigt den Gemütszustand.
- Die Augen sind das wichtigste körpersprachliche Instrument.
- Kurze Blickkontakte werden als angenehm empfunden, lange als durchbohrend.
- Fehlender Blickkontakt irritiert und grenzt aus.
- Fehlender Blickkontakt kann mehrere Ursachen haben: Desinteresse. Entscheidungsprozess. Unsicherheit.
- Die Augenbewegungen geben Hinweise auf die Gefühle.

Gestik

Jeder Mensch hat seine ureigene Gestik, die zu ihm passt. Die sollte man auch behalten und sich nicht irgendwelche Gesten antrainieren lassen. Sonst geht die Natürlichkeit verloren, und man wirkt nicht mehr authentisch. Der von Natur aus eher ruhige Typ, der plötzlich anfängt, wild in der Gegend herumzufuchteln, wirkt genauso befremdlich und unglaubwürdig wie ein impulsiver Mensch, der versucht, seine Hände mit Gewalt ruhig zu halten. Die Mühe des Antrainierens lohnt sich auch nicht, denn das Verstellen funktioniert nicht lange.

Dagegen lohnt es sich sehr, sich mit dem Thema »Gesten« zu beschäftigen und zu prüfen, welche Verhaltensweisen man selbst *am Leibe* hat. Sie werden staunen, welch ungeheuer große Wirkung kleine *Handlungen* ausüben und wie sie über die Machtverhältnisse entscheiden. Denn in jedem Gespräch, gleichgültig, ob mit Kindern, Partnern oder Kollegen, schwingt unausgesprochen die *Machtfrage* mit: Machst *du*, was *ich* will – oder mache *ich*, was *du* willst …?

Man unterscheidet verschiedene Arten von Gesten, die sich auf verschiedenen Körperebenen abspielen.

- *Negative Gesten*
- *Neutrale Gesten*
- *Positive Gesten*
- *Machtgesten*

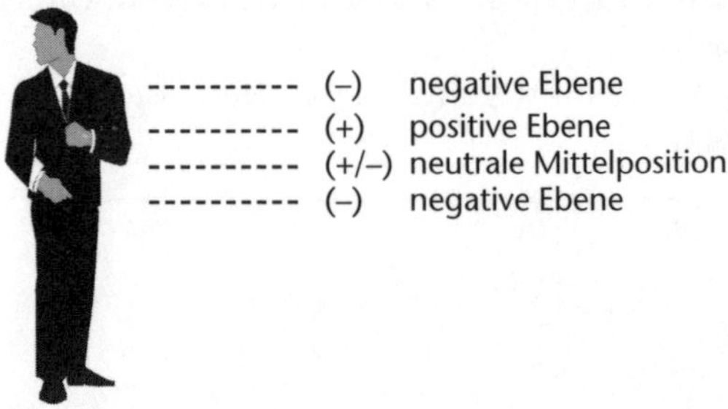

Die Mischung macht's!

Eine natürliche, ausdrucksvolle Gestik spielt sich überwiegend in der *neutralen Mittelzone* ab. Ein lange andauerndes stocksteifes Hängenlassen der Arme in der *unteren negativen Ebene* wirkt genauso befremdlich wie das längere Verharren in der *oberen negativen Ebene*.

Jemand, der sich freut, wirft die Arme hoch. Das ist die so genannte Siegerpose. Aber stellen Sie sich vor, Sie würden in dieser Siegerpose im Büro stehen, durch die Fußgängerzone laufen oder einer Beerdigung beiwohnen. Im ersten Fall würden sich Ihre Kollegen wahrscheinlich wundern, im zweiten Fall die Passanten belustigt lächeln, im dritten Fall würden Sie höchstwahrscheinlich Unmut erregen.

Dieses kleine Beispiel zeigt, dass nicht nur die Gestik selbst wirkt, sondern dass ihre Wirkung auch stark von der Umgebung abhängt. Als Redner in einer großen Halle sollten Sie deshalb eine große, raumgreifende, Ihre Worte untermalende Gestik benutzen. Im engen Fahrstuhl hingegen ist eine minimale Raum sparende Gestik angebracht. Schließlich wollen Sie Ihren Mitfahrern ja kein blaues Auge verpassen.

Aber auch weniger drastische negative Gesten haben eine unglaublich große Wirkung und können die Kommunikation empfindlich stören. Beobachten Sie einmal aufmerksam Ihre Umwelt und sich selbst. Sie werden sehen, dass negative Gesten in der Regel überwiegen.

Einer der Gründe dafür ist in dem Sprichwort »Eigenlob stinkt« ausgedrückt, das den meisten Kindern von klein auf eingebläut wird. Das führt dazu, dass wir als Erwachsene mit Eigenlob vorsichtig sind. Wir haben gelernt, positive Aussagen über uns selbst lediglich mit minimaler Gestik zu unterstreichen und sie damit herabzumindern. Negative Aussagen hingegen begleiten wir oft mit auffälligen Gesten und verstärken dadurch die negative Wirkung der Worte.

Negative Gesten

Haare zwirbeln, mit den Fingernägeln knipsen, an der Kleidung zupfen, mit dem Kuli spielen, die Brille ständig hochschieben, von einem Bein auf das andere treten, die Handtasche dauernd auf- und zuklappen, die Hände verkrampfen, mit den Füßen wippen, auf dem Stuhl kippeln – solche negativen Gesten in der unteren negativen Ebene (unterhalb der Taille) und in der oberen negativen Ebene (oberhalb der Schultern) zeigen Anspannung, Nervosität und Unsicherheit an. Sie machen unsympathisch, nerven die Umwelt und können bei ständiger Wiederholung ziemlich starke Aggressionen hervorrufen.

Eine weit ausholende theatralische Gestik wirkt leicht aufgesetzt, künstlich und lächerlich.

Eine schnelle Gestik verbreitet Nervosität. Der Blick kann nur einer Hand folgen, und wer ständig mit beiden Händen in der Gegend herumfuchtelt, verwirrt seine Zuhörer.

Entschuldigungsgesten wie Schulterzucken gelten als Zeichen von Hilflosigkeit. Es wirkt auch negativ, wenn man die Hände unter dem Schreibtisch, hinter dem Rücken oder in den Hosentaschen versteckt.

Wenn Sie Ihren Hals berühren, entsteht leicht der Eindruck, Sie hätten etwas zu verbergen. Diese Geste wirkt, als hätten Sie sich eigentlich an die Nase greifen oder den Mund zuhalten wollen und sich im letzten Moment dabei ertappt.

Das sind einige der gängigsten negativen Gesten. Doch es gibt noch viel mehr. Schließlich sind Menschen kreative Geschöpfe, und so haben viele auch ihre eigene Gestik und nervenden Angewohnheiten entwickelt. Man merkt das selbst nicht, aber die Umwelt registriert es sehr wohl.

> »Gleich legt er wieder ein Ei«, flüsterte meine Kollegin neben mir, während unser neuer Chef seine Antrittsrede hielt. »Guck mal, was der mit seinen Hüften macht, wenn er was Wichtiges sagen will.«
>
> Tatsächlich, jetzt fiel es mir auch auf. Bevor »der Neue« eine bedeutsame Mitteilung machte, wackelte er ein paar Mal mit den Hüften. Es sah wirklich so aus, als würde er gleich ein Ei legen. Ich hatte große Mühe, das Grinsen zu unterdrücken und mich wieder auf den Inhalt seiner Rede zu konzentrieren.

Ein schlechter Einstand! Dieser Chef wird von seinen Untergebenen sicher nicht hören, was sie denn so amüsant finden. Er wird allerdings in Zukunft spüren, dass sie ihn nicht so richtig ernst nehmen. Das tut der Zusammenarbeit sicher nicht gut.

Je höher der Rang, umso höher die Hemmschwelle, umso weniger Feedback, umso mehr Schweigen. Es gehört viel Mut dazu, den Chef oder die Chefin auf ein Fehlverhalten hinzuweisen. Die wenigsten Untergebenen werden das tun. Sie lästern in der Kaffeepause oder am Mittagstisch. Die betreffende Person allerdings bekommt davon nichts mit und ist somit auch nicht in der Lage, das Verhalten zu ändern.

In einem Rhetorikseminar bereiteten wir ein Rollenspiel vor. Eine junge Frau wollte lernen, in Zukunft im Büro sicherer aufzutreten. »Meine Chefin rauscht ins Büro rein, knallt mir die Ordner auf den Tisch und ist schon wieder weg, bevor ich fragen kann, was ich denn damit machen soll. Das ist so eine richtige Zicke.«

Keine in der Runde wollte die Rolle der zickigen Chefin übernehmen. »Dich hätte ich gern dafür.« Die junge Frau schaute eine groß gewachsene Blonde an, die ihr gegenübersaß. Die Angesprochene wehrte ab. So etwas könne sie nicht. Sie sei ein freundlicher Mensch, Leiterin einer Personalabteilung, und so gehe sie nicht mit ihren Untergebenen um.

Aber die junge Frau beharrte auf ihrem Wunsch, und so gab die Blonde nach. Schließlich wollte sie der anderen die Möglichkeit geben, zu lernen, in Zukunft besser mit der Situation umgehen zu können.

Die junge Frau zog regelrecht den Kopf ein, als die Blonde festen Schrittes dicht an den Schreibtisch trat, die Ordner auf den Tisch knallte, sich mit einem herablassenden »Das brauche ich nach der Mittagspause!« und einer geringschätzigen Handbewegung auf dem Absatz umdrehte und hoch erhobenen Hauptes wieder auf ihren Platz rauschte.

Die Runde hatte den Atem angehalten. Der jungen Frau war regelrecht das Wort im Hals stecken geblieben. Nach einer Pause sagte sie leise: »Das war richtig echt! Als wärst du wirklich meine Chefin! Die hat genau dieselbe abwertende Handbewegung am Leib. Und genau die macht mich so fertig.«

Die Blonde zuckte die Schultern. »Das ist doch nur ein Rollenspiel. Normalerweise mache ich das nie!« Da meldete sich ihre Kollegin zu Wort, wobei sie auf den Boden schaute und den Blickkontakt mit der Blonden vermied: »Du, das habe ich aber schon öfter bei dir gesehen. Vor allem im Umgang mit den Auszubildenden. Die trauen sich gar nicht mehr, dich etwas zu fragen. Eigentlich wollte ich dir das schon lange mal sagen, ich hatte bloß nie so richtig den Mut dazu.«

Solch scheinbar unbedeutende, kleine, abwertende Gesten können eine große Wirkung haben. Je nach Temperament und Verfassung reagieren die Untergebenen unterschiedlich. Der eine fühlt sich provoziert, die andere eingeschüchtert, der Nächste verweigert gar die Arbeit. Wie auch immer, die Arbeit und das Betriebsklima werden unnötig beeinträchtigt.

Deshalb kann der Besuch von Seminaren gerade für Führungskräfte sehr aufschlussreich sein. Denn hier hat man die Chance, wertvolle konstruktive und kompetente Kritik zu bekommen. Zugegeben, es kostet Überwindung, sich dieser Kritik und der gnadenlosen Videokamera zu stellen, aber man gewinnt dabei wertvolle Erkenntnisse über die eigene Präsentation nach außen.

Welche positiven Signale verwenden Sie unbewusst? Machen Sie sich diese bewusst. Dann können Sie sie immer öfter einsetzen.

Das gilt auch für die negativen Signale, die das Ansehen untergraben. Schauen Sie sich an, ob und welche Sie sich im

Laufe des Lebens angeeignet haben. Wenn Sie sie kennen, können Sie sich bewusst entscheiden, sie in Zukunft wegzulassen.

»In diesem Akquisegespräch sind mir an Ihnen zwei negative Gesten aufgefallen, auf die ich Sie gerne aufmerksam machen möchte.« Mein erfahrener Kollege lächelte mich an. »Die erste Geste ist weit verbreitet: Sie haben einige Male das Kinn in die Hand gestützt und dabei Ihren halben Mund verdeckt, so, als hätten Sie etwas zu verbergen. Die zweite sieht man selten: Sie haben die Angewohnheit, sich auf beide Ellbogen zu stützen, mit beiden Händen Ihren Hals zu umfassen und sich die Schultern zu massieren. Dann schauen Sie natürlich die Tischplatte an, nicht Ihre Gesprächspartner. Ein paar Mal haben Sie dabei sogar die Arme überkreuzt. Das sieht sehr verschlossen und abweisend aus. Außerdem klingt Ihre Stimme dann richtig verkrampft. Versuchen Sie im nächsten Akquisegespräch doch mal, diese negativen Gesten wegzulassen.«

Ich war gerade auf dem Weg zu meinen Eltern und beschloss, bei dieser Gelegenheit bewusst auf diese Gesten zu achten. Unsere Gespräche verliefen oft recht angespannt. Ob ich da durch eine andere Körpersprache etwas ändern konnte?

Kaum saß ich am Tisch, erwischte ich meine Hände wieder dabei, wie sie sich selbstständig machen und Mund und Hals umschlingen wollten. Bewusst nahm ich eine offene, aufrechte Haltung ein, legte die Hände auf den Tisch, klappte die Zeitung zu, die auf dem Tisch lag und in der ich immer blätterte, wandte mich meinen Eltern zu und sah sie bewusst und interessiert an, während ich sie nach ihrem Befinden fragte.

Und siehe da, im Gegensatz zu sonst gelang es, ein Gespräch in Gang zu bringen und am Laufen zu halten. Jedes

Mal, wenn sich meine Arme wieder verknoten wollten, löste ich sie, nahm eine offene Haltung ein und schaute die beiden mit einem freundlichen Gesichtsausdruck an.

Erstaunt bemerkte ich, wie mein anfangs eher aufgesetztes Lächeln echt wurde und sich auf den Gesichtern meiner Eltern widerspiegelte. Ich bemerkte auch, dass meine Stimme weich und sympathisch klang – ohne den unterschwelligen aggressiven Tonfall, den ich sonst sooft meinen Eltern gegenüber anschlug. Noch erstaunter registrierte ich, dass auch in den Stimmen meiner Eltern die Schärfe fehlte, die sonst sooft unsere Gespräche bestimmte. Es wurde ein richtig netter Besuch! Seither achte ich darauf, diese negativen Gesten wegzulassen. Es ist wirklich verblüffend, wie so etwas die Gesprächsatmosphäre verändern kann.«

Neutrale Gesten

Gesten in Höhe der Taille werden als neutral gewertet. In diesem Bereich spielen keine großen Emotionen mit. Bleibt allerdings die Gestik die ganze Zeit über in diesem Bereich, wirkt sie schnell verkrampft, kontrolliert oder unsicher.

Positive Gesten

Lockere ruhige Bewegungen und kraftvolle Gesten hingegen signalisieren Selbstsicherheit. Positiv wirkt es zum Beispiel, wenn Sie mit angewinkelten, offenen Armen die Innenflächen Ihrer Hände zeigen – aber bitte dosiert, sonst erwecken Sie den Eindruck, Sie wollten eine Predigt halten.

Machtgesten

Machtgesten – auch Dominanzgesten genannt – gibt es in vielfältiger Ausführung. Das Imponiergehabe gehört dazu. Man plustert sich auf und macht sich so groß wie möglich. Die Person, die das Sagen hat, erhebt sich über die anderen und schaut von oben herab. So etwas funktioniert sogar im Sitzen – der Chefstuhl ist immer größer und bequemer als der Besucherstuhl.

Dem Imponiergehabe folgen oft Drohgebärden. Durch aggressive Körpersprachsignale soll das Gegenüber so eingeschüchtert werden, dass es zu keiner ernsthaften Verletzung kommt. Der oder die andere soll sich unterwerfen oder flüchten. Verhaltensweisen wie Beißen, Wegstoßen und Schlagen mit der Hand lassen sich bereits bei Säuglingen beobachten. Auch wenn sie noch nicht sprechen können, lassen sie sich doch nichts gefallen!

Natürlich darf auch eine Geste nicht allein und isoliert gedeutet werden. Man muss sie immer im Zusammenhang sehen. Zusammengezogene Augenbrauen, ein durchdringender Blick, die Arme in die Hüften gestemmt – das alles sind eindeutig einschüchternde Drohgebärden. Werden diese Signale aber von einem amüsierten Lächeln begleitet und der Kopf zur Seite geneigt, dann erkennt auch ein völlig unbeteiligter Beobachter der Szene, dass es sich hier um ein freundschaftliches Necken handelt.

Stellen Sie sich vor, jemand erhebt die Hand gegen Sie. Was soll das bedeuten? Will er oder sie Ihnen eine Ohrfeige verpassen? Oder eine wichtige Mitteilung machen?

Und was bedeutet es, wenn ein Mann einem anderen den Arm um die Schulter legt? Will er mit dieser Geste seine Macht signalisieren? Ein freundschaftliches Zeichen setzen? Trost und Aufmunterung spenden? Sexuelles Interesse zeigen …?

Gleichgültig, welche Motivation dahinter steckt, eine solche Berührung ist immer auch ein deutliches Zeichen von Macht. Kein Untergebener wird eine solche Geste bei seinem Chef anwenden, und wenn ein Vorgesetzter eine attraktive Frau auf diese Weise berührt, kann daraus viel Ärger entstehen. Denn mit dieser Geste signalisiert er deutlich seine Überlegenheit. Findet sie ihn *nicht* sympathisch, wird sie viel Fingerspitzengefühl brauchen, um ihn auf der gewünschten Distanz zu halten.

Das gilt natürlich auch umgekehrt – auch weibliche Chefs machen unerwünschte Annäherungsversuche. Im Falle der Ablehnung kann die berufliche Kommunikation erheblich gestört werden, denn egal, ob Mann oder Frau, niemand mag es, abgewiesen zu werden.

Machtgesten können aber auch positiv sein – zum Beispiel bei Besprechungen, wenn jemand das Gespräch leitet, bei Konfliktsituationen das Geschehen in effektive Bahnen lenkt oder Angriffe abwehrt.

Machtgesten können andere Menschen aber auch provozieren, einschüchtern und demotivieren. Sie können das Gleichgewicht in der Partnerschaft und Familie erheblich stören und die Zusammenarbeit im Team blockieren. Bereits beim ersten Händedruck beginnt dieser Kampf um die Macht, und allein an der Art, wie sich zwei Menschen die Hand schütteln, zeichnet sich ab, wer im nachfolgenden Gespräch das Sagen hat.

Zusammenfassung

- Vier Arten von Gesten:
  Negative. Neutrale. Positive. Machtgesten.
- Antrainierte Gestik wirkt gekünstelt und macht unsympathisch.
- Weglassen negativer Gesten fördert die offene Kommunikation und macht sympathisch.
- Einzelne Gesten sind nicht aussagekräftig. Es muss immer der gesamte Gestenkomplex beachtet werden.

Die Sprache der Hände

Die Sprache der Hände hängt stark von der eigenen Persönlichkeit und dem Temperament ab, aber auch von der Nationalität. Italiener sprechen zum Beispiel »mit Händen und Füßen«, während Mitteleuropäer ihre Gestik viel zurückhaltender einsetzen.

Nach den Augen sind die Hände das wichtigste Instrument der Körpersprache. Es ist unglaublich, wie vielfältig einsetzbar diese Wunderwerke der Natur sind. Sie dienen als komplizierte Greifwerkzeuge, können fest zupacken, aber auch behutsam halten. Sie können harten Stein behauen, aber auch hauchzarte Linien malen. Sie können brutal schlagen, aber auch zärtlich streicheln. Sie können tasten, spüren, greifen, formen – und sogar heilen.

Zwischen Hand und Gehirn bestehen enge Wechselbeziehungen. Vor allem für Kleinkinder, die noch nicht sprechen können, sind Hände ein wichtiges Ausdrucksmittel, denn damit führen sie die ersten Gesten aus und können sich verständigen. Sie winken zum Beispiel zum Abschied oder verteilen eine Kusshand. Natürlich nur dann, wenn sie wollen.

Auch bei der Sprachentwicklung spielen Hände eine große Rolle. Erwachsene zeigen auf ein Objekt und nennen gleichzeitig den Namen des Gegenstandes: »Schau mal, das ist ein Auto!« Das Zeigen mit der Hand macht dem Kind klar, welcher Gegenstand gemeint ist.

Kinder be-»greifen« im wahrsten Sinn des Wortes ihre Umwelt. Sie begrapschen einfach alles, was ihnen in die Finger kommt. Erst nehmen sie alles in die Hand, dann stecken sie es in den Mund. Für die Erwachsenen kann das nervtötend sein. Sehen Sie einfach in Zukunft die positiven Seiten. Denn das Zeigen und Begreifen legen das Fundament für den Erwerb der Sprache und helfen, den Wortschatz Ihres Kindes zu erweitern.

Ein großer Wort-»Schatz« ist übrigens eines der wertvollsten Geschenke, das Sie Kindern machen können. Denn je größer der Wortschatz, je gewandter die Ausdrucksweise, umso besser kann sich Ihr Kind später behaupten und sein Wissen und seine Gefühle ausdrücken.

Handflächengesten

Seit jeher steht die offene Handfläche für Wahrheit und Ehrlichkeit. Wer sie zeigt, erweckt Vertrauen. Wer die Handflächen hingegen versteckt, sei es auf dem Rücken, in der Hosentasche oder unter dem Tisch, erweckt den Anschein, er oder sie hätte etwas zu verbergen.

Glauben Sie jetzt aber bitte nicht, Sie könnten nun fleißig drauflosIügen, wenn Sie nur die Handflächen bewusst offen zeigen! Abgesehen davon, dass das nicht lange funktioniert, werden Ihre Zuhörer schnell das Gefühl haben, dass da etwas nicht stimmt.

Handgesten werden überall verstanden

Es gibt drei Befehlsgesten der Hand, die eine unterschiedliche Wirkung erzeugen:

1. *Die Handfläche nach oben vermittelt einen freundlichen Eindruck.*
2. *Die Handfläche nach unten vermittelt einen neutralen Eindruck.*
3. *Die Handfläche geschlossen – also die geballte Faust – mit ausgestrecktem Drohzeigefinger wirkt aggressiv.*

Die Stellung der Handfläche wirkt sich sogar auf die Stimme aus. Testen Sie das doch einmal aus: zum Beispiel bei Ihren Kindern, wenn das Zimmer nicht aufgeräumt ist. Bleiben Sie an der Tür stehen, strecken Sie die flache rechte Hand mit der

Handfläche nach oben aus, und sagen Sie mit freundlicher Stimme: »Bitte, räum dein Zimmer bald auf!«

Würde Ihre Stimme noch genauso freundlich klingen, wenn Sie diesen Satz sagen und dabei mit der geballten Faust und ausgestrecktem Zeigefinger auf das Chaos zeigen?

Die ausgestreckte, nach oben zeigende, flache Hand wirkt sympathisch, freundlich, souverän. Eine winzige Änderung, nämlich das Krümmen der Finger, vermittelt ein ganz anderes Bild: Diese Geste wirkt unterwürfig und wird überall auf der Welt als Betteln verstanden.

Die aufrecht gestellte Handfläche hingegen ist eine sehr selbstsichere Geste und heißt: Stopp! Auch die geballten Fäuste versteht man überall, genauso wie den ausgestreckten Mittelfinger.

Das *Winken* zur Begrüßung oder zum Abschied gehört zu den positiven Gesten. Es ist eine der ersten, die Kleinkindern gelehrt werden.

Das *Abwinken* hingegen ist eine sehr negative Geste, die Geringschätzung zum Ausdruck bringt, und ein sicheres Zeichen dafür, dass die Kommunikation im Moment gestört ist. Diese abschätzige Geste kommt im Berufsleben des Öfteren vor, aber auch im Gespräch zwischen Menschen, die sich nahe stehen und damit sozusagen die Äußerung des anderen wegwischen. Ist das Verhältnis über längere Zeit hinweg massiv gestört, kann ein solches kleines Signal buchstäblich das Fass zum Überlaufen bringen.

In meiner Ehe kriselte es schon lange. Die Angst vor dem Alleinsein und den finanziellen Schwierigkeiten, unser gemeinsames Kind, das Haus – all das hatte mich bisher davon abgehalten zu gehen, obwohl der Wunsch auszubrechen immer stärker wurde. Doch irgendwann kam es zu einer Szene, kurz, bevor ich eine Kur antrat. Ich erinnere mich noch genau daran, wie wir da zu dritt in der Küche standen: mein Mann, unser kleiner Sohn und ich. Der Anlass ist mir längst entfallen, aber ich war außer mir. Ich schrie, schimpfte, weinte, drohte: »Wenn das so weitergeht, komme ich nicht mehr aus der Kur zurück!« Mein Sohn sah mich aus riesengroßen Augen erschreckt an, mein Mann zuckte nur die Schultern, drehte sich zu dem Kind um und sagte mit dieser abwertenden Handbewegung in meine Richtung: »Mach dir nichts draus! Vollmond. Periode. Das wird schon wieder.« In diesem Moment beschloss ich, tatsächlich auszubrechen.

Hände im Blickfeld

Nicht nur die Bewegungen sind wichtig, sondern auch das Aussehen. Viele Menschen achten nicht nur auf den Hintern oder Busen ihrer Gesprächspartner, sondern auch auf die Hände.

Eine junge Cutterin erzählte: »Ich pflege meine Hände sehr. Schließlich sind sie ständig im Blickfeld. Zum Beispiel, wenn sie auf der Tastatur liegen. Außerdem berührt man mit ihnen andere Menschen oder wird von ihnen berührt. Von ungepflegten Händen will ich nicht angefasst werden.«

Manchmal sind auch gepflegte Hände im Weg. Zum Beispiel dann, wenn man vor einer Gruppe steht, einen Vortrag halten soll und schutzlos den Blicken der Anwesenden ausgeliefert ist. Manche Redner lösen das Problem, indem sie die Hände auf dem Rücken verschränken und sich sozusagen daran festhalten. Das kommt beim Betrachter nicht gut an, denn diese Geste kann leicht so wirken, als würde man auf dem Rücken etwas verstecken. Andere zupfen ständig an ihrer Kleidung herum, lassen die Hände stocksteif herunterhängen oder stecken beide Hände in die Hosentasche. Auch das nervöse

Klicken mit dem Kuli ist in einer solchen Situation sehr beliebt.

Das alles zieht allerdings die Aufmerksamkeit Ihres Publikums ab, denn das ist nun mit der Sprache Ihrer Hände beschäftigt – und somit verpufft ein Teil Ihrer Aussagen wirkungslos.

Eine lockere neutrale bis positive Gestik hingegen unterstreicht Ihre Aussagen, macht den Vortrag lebendig und zeigt, dass Sie auf die Zuhörer eingehen.

Drohgebärden und Fingerspiele

Wenn man mit dem Finger direkt auf eine andere Person zeigt, wird dies oft als Schuldzuweisung oder Angriff aufgefasst. Personen, die so angesprochen werden, schalten von vornherein auf stur. Selbst wenn sie erkennen, dass ihre Forderung durchaus zu Recht besteht und es wirklich höchste Zeit ist, endlich das Kinderzimmer aufzuräumen oder die Akten zu erledigen, werden sie erst einmal instinktiv mit Ablehnung und Widerstand reagieren.

In einem Rhetorikseminar war mir schon bei der Vorstellrunde eine impulsive Teilnehmerin aufgefallen: ein sympathischer Typ mit ansteckendem Lächeln. Allerdings benutzte sie, wenn die Leidenschaft mit ihr durchging – was oft geschah –, eine negative Gestik: Sie unterstrich ihre Aussagen vehement mit der klassischen Drohgebärde, dem ausgestreckten Zeigefinger. Dabei hatte man fast den Eindruck, sie zeigte nicht nur auf ihren jeweiligen Gesprächspartner, sondern wollte ihn regelrecht erstechen.

Beim Thema Körpersprachsignale demonstrierte ich verschiedene Handhaltungen und ihre Bedeutung. Auch die »Zeigefingerpistole« richtete ich auf meine Zuhörer/innen.

Die Impulsive reagierte sofort. Mit vorgebeugtem Oberkörper, hochgerecktem Kinn und ausgestrecktem, im Takt klopfenden Zeigefinger sprudelte sie im Brustton vollster Überzeugung los: »Also ich mach so etwas nie!«

Verblüfft schaute sie zuerst in die Runde, als wir alle spontan in schallendes Gelächter ausbrachen, und dann auf ihre Hand. Die senkte sich langsam auf ihren Schoß, und der bis dahin ausgestreckte Zeigefinger krümmte sich verschämt und versteckte sich neben den anderen Fingern.

Die Impulsive war anschließend sehr nachdenklich. Langsam dämmerte es ihr, warum sie mit vielen Menschen Kommunikationsschwierigkeiten hatte.

Auch der *erhobene* Zeigefinger stößt auf wenig Gegenliebe. Man nennt ihn auch den »Besserwisser«, denn er deutet auf Rechthaberei, Belehrung und Moralisieren hin. Und wer lässt sich schon gern belehren oder schluckt freudig moralinsaure Predigten?

Die negative Wirkung lässt sich allerdings noch verstärken. Zum Beispiel dann, wenn man den Zeigefinger durch einen Kuli verlängert und damit den Zuhörer symbolisch ersticht. Noch nerviger wird es, wenn man im Takt mit dem Kuli klickt. Mine rein – Mine raus.

Eine wirkungsvolle Drohgebärde ist auch die so genannte »doppelläufige Pistole«. Dabei werden die Finger beider Hände ineinander verschränkt und die beiden Zeigefinger aneinander gelegt. Als Verstärkung werden obendrauf noch die Daumen verankert.

Und wenn Sie schon dabei sind, sich unbeliebt zu machen: Am besten ist es, sich stehend halb über den Schreibtisch zu beugen, an dem Ihr »Opfer« sitzt, und mit dem Zeigefinger rhythmisch auf das Holz zu klopfen.

Die absolute Zeigefinger-Krönung ist es allerdings, mit spitzem Finger den Brustkorb Ihres Gegenübers zu attackieren.

Was meinen Sie? Das macht kein Mensch? Na, dann schauen Sie sich aber mal um, wie viele verschiedene Stufen der Drohgebärden Ihnen im Alltag begegnen! Womöglich erwischen Sie sich ab und zu selbst dabei?

Den Zeigefinger kann man natürlich auch positiv einsetzen. Zum Beispiel dann, wenn Sie jemandem den Weg erklären und in die entsprechende Richtung zeigen. Oder wenn Sie einem nahe stehenden Menschen mit der Zeigefingerkuppe ganz leicht über den Arm fahren – oder über andere Körperteile. Auch das kann heftige Gefühle auslösen, allerdings positiver Natur. Wer den Film »Dirty Dancing« gesehen hat, weiß, was ich meine. Können Sie sich an diese Szene erinnern, bei der Patrick Swayze mit den Fingerspitzen an Jennifer Greys Silhouette entlangstreicht? Unvergesslich für alle weiblichen Fans, die den Film teilweise sogar mehrfach sahen ...!

Vielseitiger Daumen

Der Daumen gilt als Dominanzfinger. Daumen nach unten oder nach oben? Für die Gladiatoren im römischen Kaiserreich entschied diese Geste über Leben oder Tod. Doch auch in der heutigen Zeit ist der Daumen noch wichtig. Im Flugverkehr beispielsweise bedeutet der nach oben gestreckte Daumen: o. k. – startklar! Bands brauchen ihn beim Soundcheck zur Kommunikation mit dem Mann am Mischpult. Und für die Handybedienung ist der flinke Daumen schier unverzichtbar.

In der Handlesekunst stehen die Daumen für Ego und Charakterstärke. Durch den offen gezeigten Daumen, in Verbindung mit kaltem Blick und hoch erhobenem Haupt, wird oftmals Überlegenheit oder Aggression ausgedrückt.

Allerdings: Der unsichtbar im Gürtel oder im Bikinihöschen verhakte Daumen mit sichtbaren, sich fast berührenden Handrücken, gepaart mit einem abenteuerlustigen Seitenblick, ist eher ein sexuelles Signal. Schauen Sie sich doch mal Modekataloge an, dort wird diese Pose gern verwendet.

Anders ist die Wirkung, wenn die Handrücken unsichtbar in der Tasche stecken und nur die Daumen sichtbar bleiben. Frauen, die so dastehen, wirken dominant. Und ein Mann, der sich mit seinen Kumpels unterhält und mit geschlossener Faust und herausgestrecktem Daumen auf seine Frau deutet, macht sie damit lächerlich und zeigt eine gewisse Geringschätzung. Es könnte allerdings auch einfach nur ein freundschaftliches Frotzeln sein. Wie gesagt, es kommt eben immer auf die Gesamtsituation an.

Fingerspiele

Der gestreckte Mittelfinger, auch *Selbstdarstellungsfinger* genannt oder volkstümlicher der *Stinkefinger*, ist ein bekanntes und markantes Körpersprachesignal, das auf der ganzen Welt verstanden wird. Die Verwendung dieses Signals löst im Allgemeinen wenig positive Gefühle aus. Schon im zarten Kindesalter lernt man, dass dieser Finger irgendeine besondere Bewandtnis hat, auch wenn man noch nicht so recht versteht, um was es geht. So stand mal die vielleicht vierjährige Tochter eines Bekannten vor ihm. Konzentriert schaute sie auf ihre winzige rechte Hand, bewegte und sortierte ihre Finger und fragte ratlos: ›Papi, sag mal, welches ist denn der Stinkefinger?‹

Der Ringfinger gilt als *Gefühlsfinger*. Der kleine Finger wird gelegentlich auch als *Gesellschaftsfinger* bezeichnet, weil das Abspreizen des kleinen Fingers früher in den so genannten feinen Kreisen üblich war. Bei älteren Menschen sieht man das manchmal noch heute, wie sie derart elegant das Glas zum Munde heben.

Manchmal arbeiten die Finger auch zusammen. Wenn ein Mensch vor Ihnen steht und Daumen und Fingerspitzen oder auch den Daumen und den Zeigefinger aneinander reibt, dann wissen Sie: Es geht um Geld! Ob Sie nun welches bekommen oder geben sollen, das hängt wiederum von der Gesamtsituation ab.

Ein Vertreter beispielsweise, der diese Geste benutzt, bietet Ihnen vielleicht gleichzeitig verbal einen dicken Rabatt an. Ein Bekannter hingegen bittet mit dieser Geste möglicherweise darum, ihm Geld zu leihen. Handelt es sich bei diesem Menschen allerdings um Ihren Partner, ist eher davon auszugehen, dass Ihr soeben geäußerter Wunsch auf Ablehnung stößt: »Zu teuer!«

Und wenn ein Mensch vor Ihnen sitzt und sich grinsend die Hände reibt, kann das heißen: »Jetzt habe ich ein Riesenschnäppchen gemacht!« Sitzt allerdings derselbe Mensch im Winter frierend, zähneklappernd und Hände reibend an der Bushaltestelle, dann hat er höchstwahrscheinlich nicht im Schlussverkauf zugeschlagen, sondern eher eiskalte Hände.

Finger sind wichtige Körperteile

Die Finger, diese kleinen Gliedmaßen, leisten Erstaunliches. Das zeigt sich in den vielen Redewendungen, die völlig unterschiedliche Bilder im Kopf erzeugen.

Fasst jemand einen Gegenstand mit *spitzen* Fingern an oder mit *langen*? Ein großer Unterschied. Im ersten Fall ekelt der Jemand sich vor dem Gegenstand, im zweiten Fall begehrt er ihn so heftig, dass er ihn stiehlt.

Sie schrieb sich die Finger wund. Eine solche Aussage regt die Fantasie an. Handelt es sich bei dieser »Sie« um eine berühmte Buchautorin, kurz vor dem nächsten Abgabetermin? Oder vielleicht um eine abgewiesene Geliebte, die retten will, was nicht mehr zu retten ist? Oder etwa um eine verzweifelte Studentin bei der Diplomarbeit?

Er machte keinen Finger krumm. Welche Bilder entstehen da vor Ihrem inneren Auge? Vielleicht das eines Ehemanns, der sich abends auf der Couch fläzt, während sie in der Küche brutzelt? Oder das eines Urlaubers, der sich genüsslich sonnt, während die anderen das Zelt aufbauen?

Sie hat sich das alles aus den Fingern gesaugt. Wer das liest, weiß, dass die Dame keineswegs versuchte, ihren Durst zu löschen, sondern ein Lügengebäude zu errichten.

Gelingt es einer Tochter, ihren Vater *um den Finger zu wickeln*, kann der ihren Wünschen nicht mehr widerstehen. *Gibt er ihr den kleinen Finger*, ist es durchaus möglich, dass sie gleich *die ganze Hand nimmt*.

Wer allerdings keinen *Fingerbreit* von seiner Meinung abrückt, ist ein schwieriger Kommunikationspartner. Und Geschäftspartnern, die überall *ihre Finger drinhaben*, denen sollte man unbedingt *auf die Finger sehen*, sonst kann man sich *an den Fingern abzählen*, dass nicht alles mit rechten Dingen zugehen wird.

Hinterher ist es dann nämlich sehr ärgerlich, wenn man plötzlich feststellen muss: Ich habe mir an der Sache ganz schön *die Finger verbrannt*. In solch einem Fall sollte man beim nächsten Mal vielleicht besser *die Finger davonlassen*, um weiteren Ärger zu vermeiden – auch wenn es noch so arg *in den Fingern juckt*.

Apropos Jucken – wer *grapscht*, macht sich unbeliebt.

Fingernägel polarisieren

Sogar Fingernägel können Sympathie oder Antipathie erzeugen. Wer mit schmutzigen Fingernägeln, so genannten »Trauerrändern«, zu einer Verabredung erscheint, hat wenig Chancen. Die meisten Frauen achten sehr auf dieses Zeichen für Ungepflegtheit. Abgekaute Fingernägel stoßen jeden ab.

Aber auch hier gilt: nicht gleich urteilen, sondern lieber mal nachfragen. Damit es Ihnen nicht so geht wie dieser Frau, die sich zu einem ersten Blind Date verabredet hatte.

> Es hatte sich sehr verheißungsvoll angelassen. Sein Brief war ansprechend, sein Beruf und seine Lebensumstände auch. Er hatte eine tolle Stimme und eine gute Ausdrucksweise am Telefon. Und er sah auch tatsächlich auch so gut

aus wie auf dem Foto. Ihr Herz klopfte, als sie ihm die Hand entgegenstreckte. Doch dann bemerkte sie Trauerränder unter den Fingernägeln, verabschiedete sich nach einer Tasse Kaffee kühl und fuhr zu ihrer Freundin, um ihr von der bitteren Enttäuschung zu erzählen.

Die Freundin sah das allerdings nicht ganz so eng. Ihr hatten das Bild und der Brief dieses Mannes auch sehr gefallen, und so fand sie die Wendung der Dinge insgeheim ganz praktisch. Sie rief ihn einfach an und fragte, ob er sich nicht mit ihr treffen wolle? Vielleicht könnte sie ihm ja erklären, was vorgefallen war.

Bei diesem Date hatte der Mann übrigens makellose Fingernägel und war vollkommen platt, als er erfuhr, warum die andere ihn so kühl abgefertigt hatte. Die Erklärung: Vor dem Date hatte er sein Haus auf Hochglanz gebracht und gleich noch die Blumen umgetopft – damit für den Fall der Fälle auch wirklich alles perfekt war. Dabei hatte er sich in der Zeit verschätzt, sich mit der Dusche beeilt und die Fingernägel dabei übersehen.

Übrigens, mit seinem zweiten Date ist er inzwischen schon lange glücklich verheiratet. Die Freundschaft der beiden Frauen hingegen war ganz schnell beendet …

Niemand mag ungepflegte Fingernägel. Zu viel Pflege ist aber auch nicht jedermanns Sache. Blutrote Krallen zum Beispiel: Bei manchen Männern erzeugen sie wollüstig-erotische Schauer und Fantasien, während andere bei dem Gedanken förmlich zurückschrecken, von diesen Krallen zerkratzt zu werden.

Blutrote Krallen können sogar den Job kosten, wenn man nicht gerade im Kosmetikbereich arbeiten will. Frauen, die eine Führungsposition in Männerdomänen anstreben, haben im Bewerbungsgespräch mit knallig lackierten Krallen keine Chance! Aber auch in anderen Bereichen bringen sie Minuspunkte.

Die Leiterin eines Schreibbüros erzählte: »Vor kurzem habe ich eine Anzeige aufgegeben. Unser Büro brauchte Verstärkung, und zwar jemanden, der wirklich schnell schreiben konnte. Schließlich arbeiten wir oft unter hohem Zeitdruck.

Schnell hatte ich meine Favoritin unter den Bewerbungen gefunden und lud sie zu einem Vorstellungsgespräch ein. Als sie dann am nächsten Tag vor mir stand, war die Sympathie auf den ersten Blick verschwunden: Sie hatte irrsinnig lange, schwarz lackierte Fingernägel. Ich fand den Anblick einfach abstoßend und konnte mir auch nicht vorstellen, dass jemand mit solchen Fingernägeln schnell schreiben kann. Die Dinger müssten doch furchtbar hinderlich sein. Das erwies sich allerdings als ein Vorurteil, wie sich bei der Schreibprobe zeigte.

Trotzdem entschied mich für Nummer zwei. Bei uns gibt es viele Auftragsarbeiten, die nach Stunden bezahlt werden. Wenn ich da jemanden mit solchen Krallen dransetze, erweckt das beim Kunden dasselbe Vorurteil, und er bekommt womöglich den Eindruck, dass hier zu langsam gearbeitet wird und er unnötige Stunden bezahlt.«

Zusammenfassung

- Die Hände sind nach den Augen das wichtigste körpersprachliche Element.
- Zwischen Hand und Gehirn bestehen enge Wechselbeziehungen.
- Bei der Sprachentwicklung spielen Hände eine große Rolle.
- Handflächen- und Fingergesten werden auf der ganzen Welt verstanden.

Tonfall

Die Stimme bestimmt die Persönlichkeit

Die Stimme bestimmt den ersten Eindruck, den man sich von einem Menschen macht. Sie gehört untrennbar zum Erscheinungsbild, prägt maßgeblich die Ausstrahlung und lässt Rückschlüsse auf die Persönlichkeit zu. Das ist beileibe keine neue Erkenntnis. Schon Sokrates sagte: »Sprich, damit ich sehe, wer du bist.«

Umso erstaunlicher, dass sich die meisten Menschen herzlich wenig um ihre Stimme und um deren Wirkung kümmern. Man kennt sein eigenes Spiegelbild in den verschiedensten Varianten, schließlich begegnet es einem meist schon gleich nach dem Aufstehen im Badezimmerspiegel. Man kennt und erkennt sein Äußeres auch von unzähligen, mehr oder weniger vorteilhaften Fotos, und sicher hat jeder schon mal beschlossen, dringend etwas an Frisur, Kleidung oder Figur zu verändern.

Das *sichtbare* Äußere ist uns also von Kindheit an vertraut, und wir wissen, dass die äußere Erscheinung wichtig für die Wirkung auf unsere Mitmenschen ist. Diese äußere Erscheinung ist uns sehr viel *wert* – im wahrsten Sinn des Wortes –, und so investieren wir im Laufe unseres Lebens einige tausend Euro in Kleidung, Frisur und Accessoires. Einfach, damit das Aussehen stimmt.

Doch wie viele kümmern sich um ihr *hörbares* Äußeres?

Was tun Sie für Ihre Stimme?

Vielleicht kennen Sie den Klang Ihrer Stimme vom Anrufbeantworter her. Die meisten reagieren erst einmal erschreckt und ungläubig auf den unvertrauten Klang: »Das soll ich sein?«

Der *innere Klang,* so wie man seine eigene Stimme wahrnimmt, unterscheidet sich vom *äußeren Klang*, so wie ihn die anderen wahrnehmen. Im Gegensatz zum *sichtbaren* Äußeren ist das *hörbare* Äußere aber nur wenigen Menschen vertraut.

Leider ist den meisten Menschen nicht bewusst, wie stark die Stimme die Persönlichkeit prägt. Solche Themen werden in der Schule bisher nur wenig oder gar nicht behandelt, und so fehlt zum Stimmtraining erstens die Motivation und zweitens die Anleitung.

In diesem Kapitel finden Sie einige Einstiegsübungen. Es würde allerdings den Rahmen dieses Buches sprengen, ausführlicher darauf einzugehen. Aber in Buchhandlungen bekommen Sie viel Literatur, und falls Sie viel sprechen und ihre Stimme schonen wollen, sollten Sie darüber nachdenken, sich selbst mit einem Stimmbildungs-Seminar zu beschenken. Ihre Stimme wird es Ihnen danken.

Haben Sie einen Anrufbeantworter? Der eignet sich nämlich wunderbar zum Einstieg. Sprechen Sie den Text neu auf und hören Sie ihn ab. Vermutlich wird Ihnen Ihre Stimme am Anfang nicht gefallen, denn noch ist Ihnen der Klang ja nicht vertraut. Aber das können Sie jetzt ändern.

Aber bitte – messen Sie sich nicht an geschulten Moderatorenstimmen, denn dahinter steckt viel Routine! Allerdings waren diese Stimmen auch nicht von Anfang an perfekt.

Gehen Sie die Sache also langsam an, Schritt für Schritt. Nehmen Sie sich vor, beim nächsten Mal ein Detail besser zu machen. Aber bitte nur eins! Nehmen Sie sich zum Beispiel vor, mit der Stimme am Ende eines Satzes herunterzugehen. Oder versuchen Sie, deutlicher zu sprechen. Oder mit der Stimme zu lächeln …

Rufen Sie sich selbst an. Je öfter Sie Ihre Stimme hören, umso schneller wird sie Ihnen vertraut.

Das macht Arbeit? Stimmt! Doch die Mühe lohnt sich

wirklich. Mit einer guten Stimme kommen Sie sowohl im Beruf als auch im Privatleben – etwa beim Flirt – viel besser voran.

Haben Sie sich schon einmal bewusst gemacht, was Sie mit Ihrer *Stimme* alles anfangen können? Damit haben Sie die Macht, in Ihrer Umgebung etwas zu verändern. Sie können zum Beispiel einem Vorschlag *zustimmen,* Sie können darüber *abstimmen* oder auch *dagegen stimmen.* Sie können sich auf ein Ereignis *einstimmen* – sowohl positiv als auch negativ. Sie können mit jemand *übereinstimmen,* dann *stimmt* auch die *Stimmung.* Wenn nicht, kommt es leicht zu einer *Missstimmung* und beide sind *verstimmt.*

Das »Wie« zählt mehr als das »Was«

Ich habe bereits die Studie »Silent Messages« von Albert Mehrabian erwähnt. Eines ihrer Ergebnisse besagt: Der *Inhalt* dessen, was man sagt, ist längst nicht so wichtig wie die *Art,* in der man es sagt. Das soll aber nun nicht bedeuten, dass Sie einfach drauflosplaudern können, ohne das Gehirn einzuschalten!

Der Inhalt muss natürlich stimmen, aber das allein genügt nicht. Gleichgültig, ob Sie in einem Vortrag Ihr neues Produkt präsentieren oder auf einer Party einen Witz erzählen wollen: Das *»Wie«* zählt mehr als das *»Was«.*

Ob unsere Reden *gehört* und ob sie *verstanden* werden, hängt nicht nur vom Informationsgehalt der Aussagen, dem grammatikalischen Satzbau oder intelligenten Formulierungen ab, sondern ganz entscheidend auch vom Tonfall, den Pausen und der Melodie.

Das glauben Sie nicht? Dann sprechen Sie sich doch einmal laut den nachfolgenden Satz vor. Betonen Sie dabei das Wort *»nicht«* und senken Sie die Stimme am Satzende.

– »Er will sie *nicht*«.

Jetzt heben Sie Ihre Stimme am Satzende, und sprechen Sie das Fragezeichen mit.

– »Er will sie *nicht?*«

Und jetzt legen Sie die Betonung auf die Worte *»er«* und *»sie«*. Setzen Sie ein Komma – also eine gesprochene Pause – dazwischen, und senken Sie die Stimme nach dem Komma.

– »*Er* will, *sie* nicht.«

Sie merken, die Bedeutung der Aussagen ist jeweils völlig unterschiedlich.

Das ganze Repertoire zwischenmenschlicher Beziehungen klingt in der Stimme mit und bestimmt unser Urteil und Verhalten: Begegnen wir unserem Gegenüber oder Gesprächspartner freundlich oder abweisend? Herzlich oder frostig? Vertrauensvoll oder ängstlich?

Der *Klang* der Stimme trifft direkt die Emotionen und wirkt weitaus stärker als die *Worte*. Ein und derselbe Satz kann – je nach Tonfall – unterschiedlich verstanden werden. Etwa als akzeptable Bitte, die von der oder dem Angesprochenen anstandslos erfüllt wird. Die Sache ist damit erledigt. Anders verhält es sich, wenn die Worte vorwurfsvoll und aggressiv daherkommen. Das hat schon manches Mal zu stundenlangen ermüdenden Grundsatzdiskussionen und erbitterten Kämpfen geführt. Ein klassisches Beispiel, mitten aus dem Beziehungsalltag gegriffen, ist der berühmte Satz: »Kannst du mal *bitte* (!!!) den Mülleimer raustragen?«

Unsere Stimme verrät schonungslos, wenn in unserem Innern ein Kampf tobt. Wir können zwar lächeln, wenn wir lieber weinen wollten, keine Miene verziehen, wenn wir uns beleidigt fühlen, ein Pokerface aufsetzen, wenn wir uns nicht in die Karten schauen lassen wollen – aber der Stimmklang lässt sich kaum kontrollieren. Stress, Angst, Minderwertigkeitsgefühle blockieren und verraten, was im inneren Dialog geschieht.

Man hört von außen, welche Gefühle im inneren Dialog

vorherrschen. Kein Wunder, sind doch über 100 Sprechmuskeln beteiligt. Starke Gefühle stören die Feinabstimmung erheblich und beeinträchtigen die Stimme. Umgekehrt gilt das natürlich auch: Freude, Selbstsicherheit, positive Gefühle verleihen eine kraftvolle Stimme, die sich von Blockaden ungehindert frei im Körper entfalten kann und Ihre Stimmung hebt. Übrigens auch die der Menschen, mit denen Sie sprechen.

Stimmen sind unverwechselbar

Die Stimme ist wie ein Instrument, mit dem wir unzählige verschiedene Töne und Klangfarben erzeugen können. Die Stimme kann samtweich streicheln und Schmetterlinge im Bauch erzeugen, sie kann quietschen und nerven, sie kann einem wohlige Schauer den Rücken hinunterjagen oder Furcht erzeugen. Die Stimme kann Aufmerksamkeit erregen oder Langeweile verbreiten, sie kann überzeugen und schmeicheln und einlullen, sie kann kreissägenschrill in den Ohren klingen und Aggressivität auslösen. Eine Kleinmädchenstimme weckt bei Männern Beschützerinstinkte, während eine tiefe Stimme Vertrauen erweckend und erotisch wirkt.

Die Stimme ist einzigartig und unverwechselbar. Sogar ein Baby kann nach der Geburt die Stimme seiner Mutter wieder erkennen, die es vernommen hat, als es noch im Mutterleib war. Sie klingt jetzt zwar etwas anders, ist aber doch ein vertrauter Anker und wichtig für seine Entwicklung. Je öfter Mütter also mit ihrem Kind sprechen, um so mehr Selbstsicherheit gewinnt es. Dabei bekommt das Kind auch einen großen Wort*schatz*. Das fördert die Intelligenz und gehört zu den größten Schätzen, die Eltern ihrem Kind schenken können.

Stimme und Ohren sind untrennbar verbunden

Für das Sprechenlernen ist ein funktionierendes Gehör besonders wichtig. »Nicht sehen können trennt von den Dingen, nicht hören können von den Menschen«, wusste schon der Philosoph Immanuel Kant.

Babys lernen sprechen, indem sie die gehörten Laute nachahmen. Sie hören bereits im Mutterleib und können nach der Geburt schon zwischen verschiedenen Arten von Geräuschen, verschiedenen Lautstärken, Tonhöhen und Stimmen unterscheiden.

Überall auf der Welt geben Babys anfangs bestimmte brabbelnde Laute von sich. Nicht der Geburtsort oder die Hautfarbe bestimmt, wie sie später sprechen. Sie haben die ganze Lautpalette zur Verfügung, um überall die Laute nachzuahmen, die sie hören. So entstehen Sprache und Dialekt. Die anderen Laute, die sie hierbei nicht brauchen, verkümmern. Je später Kinder beginnen, Fremdsprachen zu lernen, umso schwerer fällt es ihnen, fremdartige Laute zu erzeugen.

Stimme und Ohren sind intensiv miteinander verbunden. Deshalb gehört zum seriösen Stimmtraining auch unbedingt ein Gehörtraining. Das Hören wird heute oft vernachlässigt, wir verlassen uns mehr auf unser Auge. Das lässt sich allerdings leicht täuschen, man sieht damit nur die Oberfläche. Das Ohr hingegen entlarvt Täuschungen.

Hören ist langsamer als Sehen und geht mehr in die Tiefe. Wenn also im Meeting der Firmenchef im Boss-Anzug seine professionell gestalteten Overheadfolien mit pubertierend schwankender Stimme erklärt, klingt er nicht sehr glaubwürdig. Das Ohr entdeckt die Diskrepanz zwischen Auftritt und Stimme, und das erweckt Zweifel an seiner Kompetenz, auch wenn sie vorhanden ist.

Wer seine Sprechtechnik verbessern will, muss also unbedingt auch etwas für sein Gehör tun. Zum Beispiel mit den folgenden einfachen Übungen:

Die ruhige Minute: Gönnen Sie sich einmal am Tag 60 Sekunden Schweigen und Hören.

Zehn Minuten Stille: Gehen Sie einmal pro Woche zehn Minuten in die Stille, oder setzen Sie sich in eine ruhige Ecke. Schalten Sie alle Geräuschquellen, so gut es geht, aus. Einfach nur atmen und horchen.

Mit verbundenen Augen: Legen Sie sich hin, zu Hause im vertrauten Raum, im Garten, auf einer Wiese. Hören Sie zu, was sich bewegt. Sie werden erstaunt sein, welche Vielfalt von Tönen Sie *hören*, wenn Sie nicht durch das *Sehen* abgelenkt sind.

Hörspaziergang: Nehmen Sie sich einmal im Monat 30 Minuten Zeit für bewusstes Hören. Gehen Sie an ruhige Stätten, aber auch an laute. Nehmen Sie bewusst die Vielfalt und Intensität der Geräusche wahr.

Döschenklang: Das können Sie mit Freunden ausprobieren. Füllen Sie Filmdosen paarweise mit verschiedenen Materialien: Reis, Sand, Salz, Bohnen ... Versuchen Sie am Klang der Dosen zu erraten, was darin ist. So können Sie übrigens auch bei Partys Bewegung in ihre Gäste bringen, wenn die wie festgeleimt auf dem Stuhl sitzen bleiben. Drücken Sie allen ein Döschen in die Hand. Anhand des Klangs findet nun jeder einen neuen Tischpartner.

Stimmlagen sind veränderbar

Wenn Sie Ihr Gehör schärfen, schärfen Sie auch Ihr Empfinden für Stimmlagen. Die Stimmlage ist nämlich nicht angeboren, sondern veränderbar. Viele Menschen neigen dazu, mit Kindern, alten Leuten oder Tieren in einem unnatürlich hohen

Tonfall zu sprechen. Früher galt das als weiblich, in den letzten Jahrzehnten ist allerdings zu beobachten, dass auch Frauen zusehends mehr in tieferen, warmen Stimmlagen sprechen.

Forschungen zeigen, dass Menschen mit warmer und tiefer Stimme als kompetent, selbstsicher und glaubwürdig eingestuft werden und man ihnen lieber zuhört als denjenigen mit hoher, greller Quietschestimme, denn sie werden leicht als unsachlich, hysterisch und inkompetent betrachtet. Ob das stimmt, sei dahingestellt, fest steht jedenfalls, dass Menschen mit einer angenehmen Stimme sympathisch wirken und mehr Erfolg haben.

Das heißt nun allerdings keinesfalls, dass Sie mit Gewalt versuchen sollten, so tief wie möglich zu klingen, und dabei vielleicht Ihre Stimmbänder über die Maßen strapazieren. Wichtig ist, dass Sie Ihre Stimme kennen lernen, dass Sie mit ihr experimentieren und so Ihre eigene, individuelle, angenehme Stimmlage herausfinden. Dazu noch eine hübsche Übung:

> Sind Sie gerade alleine? Dann probieren Sie doch mal die breite Palette Ihrer Töne durch. Welche Töne können Sie erzeugen? Grunzen wie ein Schwein? Gurren wie ein Täubchen? Schnurren wie ein Kater? Gackern wie ein Huhn? Blöken wie ein Schaf? Jaulen wie ein Hund ...?
>
> Stellen Sie sich ein imaginäres Gegenüber vor, das Sie um etwas bittet oder Forderungen stellt. Antworten Sie diesem Gegenüber laut und auf unterschiedliche Weise, in eigenen Worten oder mit dem Satz: »Das möchte ich nicht!«
>
> Spielen Sie mit dem Klang Ihrer Stimme, mit der Lautstärke, dem Rhythmus, der Stimmlage. Sprechen Sie Ihren Satz mal unsicher, mal entschlossen. Mal geflüstert, mal laut. Mal geduldig, mal aggressiv. Mal gelangweilt, mal arrogant ...

Wenn Sie sich auf diese Übung einlassen, werden Sie feststellen, dass sich – passend zum Klang Ihrer Stimme – automatisch auch Ihre Mimik und Gestik verändern. Es ist beispielsweise kaum möglich, fröhlich zu grinsen, auf einem Bein zu hüpfen und dabei traurige Sätze zu sprechen.

Haben Sie Freunde, die zu konstruktiver Kritik fähig sind? Dann machen Sie doch mal bei der nächsten Einladung aus der Übung ein Spiel. Sie werden sicher viel zu lachen haben und nebenbei wahrscheinlich manch Interessantes über sich selbst erfahren.

Die Sprechweise ist veränderbar

Neben der Stimmlage spielt auch der Zungenschlag eine große Rolle. Menschen, die einen starken Dialekt sprechen, werden oft nicht verstanden und oft auch nicht ernst genommen. Und manche Liebe auf den ersten Blick fiel blitzartig in sich zusammen, wenn das begehrte Objekt den Mund aufmachte. »So ein Landdialekt törnt einfach nur unglaublich ab!«, seufzte ein Bekannter nach einer Begegnung mit einer attraktiven Unbekannten.

Die Stimmlage, der Dialekt, die Sprech- und Ausdrucksweise sind erlernt und somit veränderbar. Natürlich lässt sich nicht jede Stimme in eine charismatische Sprecherstimme verwandeln, und wer Dialekt spricht, wird ohne Profiausbildung schwerlich ein astreines Hochdeutsch über die Zunge bringen. Das ist ja auch nicht erforderlich, Dialekt mit seinen blumigen, humorvollen, manchmal auch deftigen Bildern ist ein Stück Heimatverbundenheit und bringt Vielfalt und Würze in die Sprache. Solche Bilder, gezielt eingesetzt, können Vorträge auflockern oder eine gespannte Atmosphäre entzerren.

Aber wer Erfolg haben will, der muss seine Aussprache trainieren und kontrollieren und bei Bedarf auf ein allgemein verständliches Deutsch umschalten können. Das ist nicht nur gut für die eigene Außenwirkung, sondern erleichtert die Kommunikation untereinander und vermindert Missverständnisse.

Gespräche mit unserem Chef sind sehr mühsam und ermüdend. Er hat eine tiefe Stimme, redet sehr monoton und sehr leise. Außerdem nuschelt er vor sich hin, sodass man ihn kaum verstehen kann. Am runden kleinen Tisch in der Besprechungsecke seines Büros geht es ja noch einigermaßen, aber wenn man vor seinem breiten Schreibtisch sitzt und der Abstand größer ist, muss man ständig nachfragen, was er gerade gesagt hat. Ich weiß nicht, warum er das macht. Entweder merkt er tatsächlich nicht, dass man ihn kaum verstehen kann, und findet es normal, dass seine Zuhörer sich verkrampft vorbeugen, die Hand ans Ohr legen und nachfragen. Vielleicht ist er aber auch einfach rücksichtslos, und die Schwierigkeiten anderer Leute interessieren ihn nicht. Vielleicht will er auch bloß seine Untergebenen manipulieren und ihnen das Gefühl vermitteln, sie wären schwer von Begriff, weil man ihnen alles zweimal erklären muss.

Was auch immer dahinter steht, Gedankenlosigkeit, Desinteresse oder Manipulation – eine solche leise, monotone, genuschelte Sprechweise stört Kommunikation und Zusammenarbeit erheblich.

Das gilt natürlich auch für das andere Extrem.
Man sieht ihn nicht, aber man hört ihn. Eigentlich hat mein Kollege eine tiefe, angenehme, kultivierte Stimme. Wenn er bloß nicht so fürchterlich laut wäre! Meist steht seine Tür offen, und wenn er telefoniert – oder sagen wir, ins Telefon brüllt – dann kann ich im Zimmer nebenan kaum einen klaren Gedanken fassen und arbeiten. Ich habe ihn schon des Öfteren gebeten, leiser zu sprechen, aber er lacht bloß drüber. Klingt ziemlich arrogant, der Typ. Inzwischen werde ich schon richtiggehend aggressiv, wenn ich morgens seine Stimme höre.

Wer deutlich spricht, wird besser verstanden

Wer *verstanden* werden will, muss selbstverständlich *verständlich* sprechen. Doch so selbstverständlich ist das gar nicht. Sehr viele Menschen nuscheln oder sprechen viel zu schnell, ohne Punkt und Komma und Pausen.

> *MeinesehrgeehrtenDamenundHerrenWirbegrüßensieganz herzlichinunseremhause* (hektisches Einatmen …) *undfreuen unsdassiesozahlreichunsererEinladunggefolgtsind …*

Ein solcher Bandwurmsatz, ohne Punkt und Komma, ist mühsam für die Zuhörer. Sie konzentrieren ihre Aufmerksamkeit darauf, die Worte zu verstehen, statt den Inhalt zu erfassen, und verlieren bald die Geduld.

Beim Hören ist es wie beim Lesen. Auch hier erfasst der Mensch keine komplette Zeile auf einmal, sondern immer nur ein paar Worte. Wegen der besseren Les- und Erfassbarkeit sind ja auch Zeitungsartikel nicht über die ganze Zeilenbreite formatiert, sondern in Spalten unterteilt. Die Informationen werden sozusagen als portionierte, mundgerechte Häppchen serviert.

Auch zum Verständlichsprechen gibt es zwei hübsche Übungen, die Sie gleich ausprobieren können.

> *Im Handumdrehen:* Winkeln Sie den rechten Arm an, als wollten Sie jemandem die Hand geben. Drehen Sie die Handfläche nach oben, und beginnen Sie zu reden. Versuchen Sie, bei jedem *Wort* – nicht nach jeder *Silbe* – die Handfläche umzudrehen. Gar nicht so einfach! Am leichtesten geht es, wenn Sie einen Text ablesen. Schwieriger wird es, wenn Sie sich gleichzeitig überlegen müssen, was Sie sagen wollen. Am besten ist es natürlich, wenn Sie die Übung zusammen mit einem anderen »Schnellsprecher« durchführen. Das sorgt auch für viel Heiterkeit im Raum.

Wenn Sie diese Handumdreh-Übung richtig machen, bekommen Sie bald ein Gefühl für Rhythmus, Betonung und langsameres, deutliches Sprechen.

Kussmündchen-Übung: Machen Sie beim Sprechen den Mund auf. Dadurch vergrößert sich der Resonanzraum, Ihre Stimme wird klangvoller, und die Aussprache deutlicher. Formen Sie die Vokale sorgfältig mit den Lippen. Schauen Sie im Spiegel die verschiedenen Mundstellungen an: Bei »a« oder »ei« öffnen Sie den Mund weit. Bei »o« und »u« hingegen formen Sie die Lippen zu einem spitzen Kussmündchen.

Nebenbei bemerkt, mit der »Kussmündchen-Übung« erreichen Sie auch eine bessere Kommunikation mit Besserwissern, die gerne Ratschläge erteilen. Sie werden überrascht sein, welch neue Sichtweisen und Standpunkte Sie kennen lernen, wenn Sie diesen Ratschlägen offen gegenüberstehen. Schließlich ist ja oft was Gutes dran.

Probieren Sie es einfach mal aus. Anstatt auf unerwünschte Belehrungen abweisend oder aggressiv zu reagieren, holen Sie erst mal Luft, spitzen Sie das Mündchen, schauen Ihrem Gegenüber freundlich in die Augen, atmen aus und sagen: »Ooooooh – so habe ich das noch gar nicht gesehen.« Oder: »Ooooooh – das ist aber eine interessante Idee.«

Übung macht den Meister

Eine deutlichere Aussprache erreichen Sie auch mit der Zungen-Zähne-Übung.

Zungen-Zähne-Übung: Kleben Sie die Zungenspitze hinter den oberen Schneidezähnen fest und sprechen Sie mehrfach hintereinander den folgenden Satz: »Übung macht mir richtig Spaß!«

Noch mehr Spaß machen solche Artikulier-Übungen im Freundeskreis.

Korken-Übung: Bringen Sie einen Text und ein paar Korken mit. Es sorgt für Heiterkeit, wenn jeder mit einem Korken im Mund versucht, diesen Text möglichst deutlich und artikuliert zu lesen. Sieht erstens ziemlich doof aus und hört sich zweitens auch doof an. Sie werden aber überrascht sein, wie klar Ihre Aussprache danach ist.

Ersatzweise tut es übrigens auch der quer gelegte Zeigefinger zwischen den Zähnen.

Eine schöne und zusätzlich noch kommunikationsfördernde Artikulations-Übung ist die »Küsschen-Übung«. Verteilen Sie Küsschen und Kussmündchen, sooft sich eine Gelegenheit bietet.

Auch beim Kauen können Sie fleißig üben. Dazu brauchen Sie nämlich dieselben Organe wie zum Artikulieren.

Stellen Sie sich vor, Sie kauen etwas Wohlschmeckendes. Dazu sprechen Sie verschiedene Kausilben, z. B.: »Mnjim, mnjiem, mnjiom, mnjium.«

Wenn Sie tagsüber tatsächlich Nahrung zu sich nehmen, kauen Sie den ersten Bissen – unabhängig davon, ob es sich um Brot oder Suppe handelt – so lange, bis er flüssig ist. Wenn Sie das konsequent machen, trainieren Sie Ihre Artikulationswerkzeuge perfekt.

Die Stimme ist Ausdruck der inneren Haltung

Ob Küsschen oder Kauen, Korken oder Finger, eine sympathische, kultivierte Stimme bringt viele Sympathien. Studien haben ergeben, dass gebildete Menschen neue Bekanntschaften zu 40 % nach dem Klang der Stimme beurteilen. Je höher der eigene Bildungsgrad und die Lebenserfahrung, umso mehr Bedeutung wird der Stimme beigemessen, und die Bereitschaft wächst, sie zu pflegen und zu kultivieren.

Solange sie funktioniert, denkt man nicht darüber nach. Schließlich war die Stimme – als ausdrucksstarkes Instrument – schon da, bevor wir sprechen lernten. Wir sind an sie gewöhnt, und erst, wenn sie nicht so funktioniert wie gewünscht, fangen wir an, uns darüber Gedanken zu machen. Zum Beispiel dann, wenn wir einen Vortrag halten sollen.

Die Stimme ist grundsätzlich Ausdruck der *inneren Haltung* und bestimmt damit auch die *Körperhaltung*. Vor einer aufregenden Gesprächssituation reagieren wir folglich mit mehr oder weniger starken körperlichen Symptomen. Da schlägt das Lampenfieber gnadenlos zu, die Kehle trocknet aus, das Herz pocht bis zum Hals, der Atem kommt flach und hektisch, die Stimme klingt schwach und brüchig oder klettert in hysterische Höhen. Auch die Sprechgeschwindigkeit erhöht sich und damit auch die Gefahr, sich zu verheddern oder zu stottern.

Das Bodyfeedback registriert diese Anfänge, und die *Angst vor der Angst* verstärkt die negativen Symptome. Da kann ein Mensch noch so viel Kompetenz haben, solange seine Stimme unsicher klingt, wird es ihm nicht gelingen, diese Kompetenz seinem Zuhörerkreis auch zu offenbaren. Weil diese nämlich genau spüren, wie eine kompetente, selbstsichere Stimme klingen soll: warm und kraftvoll, volltönend und moduliert. Und vor allen Dingen ruhig atmend. Denn Sprechen ist eigentlich nichts anderes als ausgeatmete Laute.

Ein Bild macht das anschaulich: Stellen Sie sich einen prall aufgeblasenen Luftballon vor. Wenn Sie hier nun die Luft herauslassen, wird der Ton immer quietschender, je enger die Öffnung ist. Dasselbe geschieht beim Atmen. Durch Fehlatmung und Fehlhaltung entstehen Engpässe, und damit erscheint die Stimme angespannt, ängstlich und verkrampft.

Diese Fehlatmung entsteht dann, wenn der Einatmungsschwerpunkt auf die Brust verlagert wird. Das nennt man

Hochatmung: Beim Ausatmen hebt sich der Brustkorb, beim Ausatmen senkt er sich. Diese Fehlatmung wird häufig durch Angst und Stress hervorgerufen. Unterdrückte Wut führt ebenfalls dazu, denn da wird die Luft angehalten. Auch ein Hohlkreuz kann die Ursache für Hochatmung sein.

Hingegen führt die *Zwerchfellatmung* in den Bauch zu Stressabbau und Gefühlsbalance. Sie entlastet das Herz, regt den Kreislauf an, wirkt sauerstoffsättigend und ist verdauungsfördernd. Leber, Milz und Galle werden in ihren Funktionen angeregt und die Wirbelsäule gestreckt[3]. Übrigens: Das beste Zwerchfelltraining ist immer noch ein herzhaftes Lachen.

Wenn die Stimme wächst, wächst auch die Persönlichkeit

Eine ausdrucksstarke Stimme nutzt die natürlichen Resonanzräume. Ein schreiendes Baby kann das instinktiv. Untersuchungen zeigen, dass wir immer früher die Fähigkeit zur natürlichen Stimme verlieren und viele Kinder bereits im Grund schulalter zu »Hochatmern« werden.

Wie ist das bei Ihnen? Der erste Schritt zur ausdrucksstarken Stimme ist die Wahrnehmung der Atmung. Gibt es Verengungen und Blockaden? Wo? Und woher stammen sie? Sind es emotional bedingte Panzerungen oder körperliche Fehlhaltungen, etwa falsches Sitzen am Arbeitsplatz?

Ein kontinuierliches Atemtraining ist für eine Veränderung notwendig. Dazu gehört auch das Üben korrekter Haltungen. Wie oft wurden Sie in Ihrer Kindheit von der Mutter oder Ihrem Sportlehrer ermahnt: »Setz dich gerade hin! Mach nicht so einen Buckel!«?

Es war damals schon mühsam, diese Ermahnungen zu befolgen, und es wird im Laufe des Lebens sicher nicht leichter. Und aller guten Vorsätze zum Trotz ist die Gefahr groß, sich

3 Vgl. dazu M. Scheufel-Osenberg, Die Atemschule, S. 24ff.

wieder im wahrsten Sinn des Wortes »hängen zu lassen«. Deshalb noch einmal die Erinnerung: Setzen Sie sich Merker, die Sie an Ihre guten Vorsätze erinnern. Überall da, wo Sie sie gut im Blickfeld haben: am Bildschirm, am Telefon, im Auto. Vielleicht sogar am Kühlschrank. Das dient auch als Unterstützung für Ihre Diät – denn wer Atemübungen macht, kann nicht essen.

Nehmen Sie sich eine ruhige, unbeobachtete Minute. Versuchen Sie, in den Bauch zu atmen. Dabei senkt sich das Zwerchfell, und der Bauch wölbt sich. Luft strömt in die Lungen, Brust und Rücken weiten sich und vergrößern so den Resonanzraum. Beim Ausatmen werden die Stimmbänder in Bewegung gesetzt.

Diese Zwerchfellatmung sollten Sie mehrmals am Tag üben. Das kostet keine zusätzliche Zeit. Nutzen Sie einfach die vielen kleinen Pausen tagsüber – bis der Computer hochgelaufen ist, die Ampel umschaltet oder der Kaffee durchgelaufen ist.

Schon nach kurzer Zeit werden Sie sehen, dass sich mit dieser ruhigen Atmung auch ein ruhiges Gefühl in Ihnen ausbreitet. Ihre Mühe wird reich belohnt. Eine aufrechte Haltung mit tiefer Zwerchfellatmung verändert nicht nur die Stimme, sondern auch den Menschen. Die Stimme spiegelt die Persönlichkeit wider. Je ausdrucksstärker sie wird, umso mehr Ausstrahlung bekommen Sie.

Die Schwierigkeit ist nur, in der Hektik des Alltags auch daran zu denken. Deshalb sind Merker so nützlich. Kleben Sie sich ein Post-It an den Bildschirm oder einen bunten Klebepunkt auf das Telefon, an die Kaffeemaschine oder ins Auto. Das erinnert Sie immer wieder an Ihre guten Vorsätze. Denn es hat wenig Zweck, eine solche Übung nur ein einziges Mal zu machen. Sie muss zur Gewohnheit werden, damit Sie das Ruhegefühl dann abrufen können, wenn Sie es brauchen, zum Beispiel vor aufregenden Vorträgen oder Gesprächen.

Die folgende Atemübung eignet sich gut vor Stresssituationen:

> Schließen Sie die Augen. Atmen Sie tief in den Bauch ein. Zählen Sie dabei bis *drei*. Nun atmen Sie langsam aus und zählen Sie bis *sechs*. Das wiederholen Sie mehrmals hintereinander. Können Sie das Ausatmen noch länger dehnen und bis *neun* zählen?

Das ist eine Methode, um sich vor Anspannung verursachenden Vorträgen oder Gesprächen ein wenig zu entspannen. Suchen Sie sich unmittelbar vorher ein ruhiges Plätzchen, am besten auf der Toilette, dann können Sie gleichzeitig noch Ihr Outfit überprüfen und Ihre Haltung straffen. Denn auch das verleiht Selbstsicherheit. Und die brauchen Sie jetzt für Ihren Auftritt!

Zusammenfassung

- Die Stimme prägt die Persönlichkeit.
- Die Stimme macht Gefühle hörbar.
- Zum Stimmtraining gehört auch Gehörtraining.
- Je höher der Bildungsgrad, umso mehr Bedeutung gewinnen Stimme und Ausdrucksweise.
- Je ausdrucksstärker die Stimme, umso stärker die Ausstrahlung.

Haltung

Die Haltung entlarvt Lügen

»Ich bin ein fröhlicher, selbstsicherer Mensch! Mir gelingt alles, was ich anpacke!« Versuchen Sie einmal, einen solchen Satz mit hängendem Kopf, gebeugtem Rücken und schlaff herabhängenden Armen in möglichst positivem Tonfall zu sagen.

Ich demonstriere das öfter in Seminaren und ernte immer die gleiche Reaktion: schallendes Gelächter! Niemand nimmt mich ernst, wenn ich so durch den Raum stiefele – weil meine Haltung die Worte Lügen straft.

Umgekehrt ist es unmöglich, fröhlich strahlend, in Siegerpose mit hochgereckten Armen dazustehen und gleichzeitig mit matter, abgeschlaffter Stimme glaubhaft zu verkünden: »Ich bin ein Versager!«

Sehr gut möglich ist es hingegen, dem Unterbewusstsein etwas vorzuschwindeln. Sie kennen ja inzwischen die Wirkung des Bodyfeedbacks. Wenn also Ihre Seele gerade durchhängt, dann straffen Sie Ihren Körper und verändern Sie Ihre äußere Haltung. Denn dadurch verändert sich auch Ihre innere Haltung.

Aufrechte, lockere Körperhaltung
Sie gilt als ein Signal für eine aufrechte Seele. Wer so steht oder geht, strahlt Selbstvertrauen aus: Da *zeigt jemand Rückgrat!* Hat *einen festen Standpunkt!* Steht *mit beiden Beinen fest auf dem Boden!* Ist *unerschütterlich wie ein Fels in der Brandung!* Hat *alles fest im Griff!* Behält *den Überblick!*

Aufrechte, starre Körperhaltung
Eine starre Haltung weist auf Unflexibilität. Auch hierfür kennt unsere Sprache ein schönes Bild: Der steht *stocksteif* da! Oder so, als hätte er *einen Stock verschluckt*. Aus dieser Haltung

lassen sich sogar Rückschlüsse auf das Temperament und den Beruf ziehen. Stark sachlich und zahlenorientierte Menschen neigen zu wenig Haltungsänderungen, während gefühlvolle Menschen weitaus mehr in Bewegung sind.

Nach hinten verlagerte Haltung
Sie signalisiert Abstand, wirkt unnahbar und weist auf Überheblichkeit hin.

Nach vorne verlagerte Haltung
Sie deutet auf Unsicherheit hin. In Verbindung mit einem vorgestreckten, gesenkten Kopf und einem Blick von unten herauf aus halb geschlossenen Augen kann leicht ein kriecherischer, intriganter Eindruck entstehen. Zu dieser vorgebeugten Haltung gibt es etliche drastische Metaphern: Da *krümmt sich einer wie ein Fragezeichen. Küsst jemand die Füße. Kriecht zu Kreuze.* Und *liegt* am Ende *zerschmettert am Boden …*

Zugewandte, offene Haltung
Sie signalisiert Interesse, Zuhörbereitschaft und Aufmerksamkeit. Diese Haltung ist die Voraussetzung für echte Kommunikation.

Abgewandte Haltung
Sie zeigt Desinteresse am Gespräch oder den Wunsch, es zu beenden. Eine Kommunikation kommt so nicht zustande. Wer flirten will, hat schlechte Karten, wenn sein Gegenüber sich abwendet und somit *die kalte Schulter zeigt.*

Eine gerade Haltung signalisiert Selbstsicherheit

Das *Kopf hoch!* und *Steh nicht so krumm!* haben also durchaus ihre Berechtigung. Mit einer aufrechten äußeren Haltung signalisiert man eine aufrechte Seele und eine kompetente Ausstrahlung. Außerdem macht eine gute Haltung eine gute Figur. Gründe genug, um dafür etwas zu tun, oder?

Miss-Amerika-Übung: Stellen Sie sich mit dem Rücken an eine Wand. Pressen Sie Schultern und Fersen gegen die Wand, dann auch den Po. Drücken Sie mit aller Kraft, und gehen Sie anschließend kerzengerade im Raum umher, als seien Sie eine Bewerberin um den Titel der Miss Amerika. Wenn möglich, nehmen Sie sich auf einer Videokamera auf und prüfen Sie den Unterschied vor und nach der Übung.

Ich bin ein Märchenprinz: Bewegen Sie sich so aufrecht und stolz wie ein Märchenprinz oder eine Märchenprinzessin. Sie wissen ja, dass sich das auf das Unterbewusstsein auswirkt, vielleicht läuft Ihnen dann ja bald das passende Gegenstück über den Weg. Setzen Sie sich also eine imaginäre Krone auf, (oder basteln Sie sich eine aus Pappe), und marschieren Sie mit erhobenem Haupt los! Aber bitte die Nase nicht zu hoch tragen, sonst fällt Ihnen schnell ein *Zacken aus der Krone!*

Marionette: Auch sehr wirkungsvoll. Stellen Sie sich vor, aus der Mitte Ihres Kopfes wächst ein Faden und Sie werden daran geführt, wie bei einer Marionette.

Antenne zum Universum: Wer nicht gern geführt werden will, kann sich ja vorstellen, er oder sie hätte eine Antenne mit direkter Verbindung zum Universum auf dem Kopf.

Thera-Band: Es geht auch ganz nüchtern: Kaufen Sie sich ein Thera-Band. Mit diesem Gerät können Sie eine ganze Reihe von Übungen machen, um Ihre Haltung und damit Ihr Aussehen zu verbessern (Anleitungen sind dabei).

Kopfhaltungen und ihre Bedeutung

Wenn Sie sich unsicher fühlen, genügt es oft schon, den Kopf »hoch zu tragen«. Faszinierend, welch riesengroße Wirkung scheinbar winzig kleine Haltungsänderungen hervorrufen können!

Eine aufrechte Kopfhaltung erzeugt die Wirkung von Hochmut, Arroganz, Unverletzlichkeit. Eine geneigte Kopfhaltung hingegen drückt Demut, Unsicherheit, Unterwürfigkeit aus.

> Meine ältere Kollegin hat eine Haltung an sich, die mich regelrecht aggressiv macht. Sie schreibt für mich, und ich bringe ihr oft die Unterlagen, um etwas zu erklären. Dann stehe ich vor ihrem Schreibtisch. Während ich rede, rutscht sie regelrecht auf ihrem Stuhl in sich zusammen, senkt den Kopf und schielt über den Rand ihrer Brille hinweg nach oben in mein Gesicht. Sieht ziemlich doof aus, als ob sie nicht bis drei zählen könne. Das macht sie übrigens bei allen ihren Vorgesetzten so, nicht nur bei mir. Eigentlich bin ich ja ein friedlicher Mensch, aber bei diesem Anblick muss ich mich jedes Mal zwingen, einigermaßen höflich zu bleiben. Ich muss zugeben, dass ich schon manches Mal den Frust von oben bei ihr abgeladen habe, denn sie wehrt sich ja nicht.

Eine geneigte Kopfhaltung kann auch Vertrauen ausdrücken. Deshalb schauen sich Verliebte in die Augen. Allerdings kann ein Beobachter anhand der sonstigen körpersprachlichen Signale eindeutig unterscheiden, ob es sich um eine unsichere und unterwürfige Haltung, eine vertrauensvolle Haltung oder um eine selbstsichere, arrogante Haltung handelt.

Wer hat mehr Macht?

Sogar wenn Sie nicht hören können, was gesprochen wird: An der Haltung erkennen Sie, wer das Sagen hat. Der sozial höher Gestellte (oder der, der sich dafür hält) zeigt eine straffere und offenere Körperhaltung und nimmt mehr Raum für sich in Anspruch. Oder er flegelt sich lässig breitbeinig auf dem Stuhl oder legt die Beine auf den Schreibtisch.

Der Untergeordnete wird *niemals* im Büro seines Chefs eine solche Haltung einnehmen, womöglich aber gleich anschließend in seinem eigenen Zimmer, wenn er einem rangniedrigeren Kollegen gegenübersitzt. Oder zu Hause, vor dem Fernsehapparat.

Es gibt auch Unterschiede zwischen männlichen und weiblichen Sitzposen. Was bei Männern eher leger und cool aussieht, wirkt bei Frauen burschikos und unweiblich. Enge Röcke zwingen zu einer engen Sitzhaltung. Aber selbst Frauen, die Hosen tragen, sitzen im Allgemeinen nicht breitbeinig da, sondern schlagen die Beine übereinander und »bescheiden« sich somit mit weniger Platz.

Dieses Verhalten ist erlernt. Kleine Kinder bewegen sich noch völlig unbefangen, doch spätestens in der Pubertät passen sie sich dem Kulturkreis an, in dem sie leben. Bei uns heißt das: Die meisten Männer nutzen ihren Raum, die meisten Frauen machen sich klein.

Dieses Verhalten können Sie gut in belebten Fußgängerzonen, auf vollen Bahnsteigen oder auf Straßenfesten beobachten. Nehmen Sie sich einmal die Zeit und schauen Sie sich das Treiben genau an. Männer neigen dazu, strikt und unbeirrt ihren Weg zu gehen und nehmen in Kauf, auch einmal anzurempeln. Frauen neigen dazu, die Konfrontation zu vermeiden und auszuweichen.

Trotz aller Emanzipation – diese Rollenbilder werden auch heute noch fleißig weitergegeben. Haben Sie zufällig einen Modekatalog zur Hand? Wenn nicht, besorgen Sie sich einen

Ein solcher Katalog ist ein wunderbares Anschauungsmaterial und zeigt deutlich, wie sehr sich Frauen »verrenken« müssen, um dem heutigen Schönheitsideal zu entsprechen.

Selten, dass in einem Modekatalog eine *standfeste* Frau abgebildet ist, eine, die mit beiden Beinen fest auf dem Boden steht und dem Betrachter mit geradem Blick und erhobenem Kopf entgegenschaut. Ganz augenfällig ist das bei jungen Models. Sie müssen sich regelrecht zu unnatürlichen, sexy wirkenden Posen verbiegen.

Ich blättere gerade im Katalog eines bekannten Versandhauses. Das Mädchen links balanciert beidseitig auf den Zehenspitzen, hat den Daumen im Gürtel verhakt – was als Dominanzgeste und sexuelle Aufforderung angesehen wird. Mit der anderen Hand hält sie den gesenkten Kopf fest und lächelt schüchtern naiv von unten herauf, das Gesicht von einer wilden Löwenmähne halb verdeckt, in die Kamera. Fast möchte man sie stützen, damit sie nicht umfällt! Eine solche Pose ruft den Beschützerinstinkt im Mann wach, und die sexuelle Andeutung dabei macht Hoffnung auf ausschweifende Genüsse.

Das nächste Mädchen lehnt sicherheitshalber gleich an der Wand. Auch hier kein fester Stand: Der rechte Fuß wippt auf den Zehenspitzen. Sie zieht den Bauch ein, um eine möglichst vorteilhafte Silhouette zu zeigen. Ein Arm hängt locker herunter, mit der Hand des anderen Arms spielt sie in ihren langen Haaren. Sie wirkt harmlos und unkompliziert, ein lockendes und verlockendes Weibchen.

Das Model daneben übt gerade den Hüftschwung. Breitbeinig steht sie da, die linke Hüfte nach oben gereckt. Mit der rechten Schulter balanciert sie das Ungleichgewicht aus und reckt dabei gleichzeitig den Oberkörper möglichst sichtbar nach vorn. Auch sie hat den Kopf gesenkt und hält ihn gleichzeitig schief. Der Gesamteindruck, kombiniert mit dem halb geöffneten Mund, wirkt schon sehr auffordernd.

Sie planen eine Party? Machen Sie doch einen Fotowettbewerb daraus! Digitalkamera, Rechner zur Weiterverarbeitung, Modekataloge zur Anregung – und los geht's.

Probieren Sie am selben Model aus, welch unterschiedliche Wirkungen Sie allein durch unterschiedliche Kopfhaltung und Kopfneigung erzielen:

Gesenkter Kopf, gerade Haltung, Blick von unten nach oben, weit geöffnete Augen, freundliches Lächeln: lieb, harmlos, unkompliziert.

Gesenkter Kopf, geneigte Haltung, schräger Seitenblick, laszives, die Mundwinkel umspielendes Lächeln: verlockend, verführerisch, weiblich.

Gerader Kopf, gerade Haltung, gerader Blick: intelligent, selbstsicher, eigene Meinung.

Erhobener Kopf, Blick von oben nach unten: selbstüberzeugt, arrogant, überheblich.

Wenn Sie das nächste Mal in eine Situation kommen, in der Sie mehr Selbstsicherheit gebrauchen können: Kopf hoch! Damit es Ihnen nicht geht wie diesem Redner:

Wir saßen an einem langen Tisch im Nebenraum einer Gaststätte, immer zwei, drei Frauen, dazwischen leere Plätze. Seitlich am Kopfende stand der Referent. Er machte einen unsicheren Eindruck. Abgesehen davon, dass er mit monotoner Stimme seinen Monolog herunterleierte, schaute er seine Zuhörerinnen praktisch nicht an. Auf mich wirkte das so, als wäre das Publikum, das da saß, unter seinem Niveau. Er würdigte uns keines Blickes, sondern hielt die ganze Zeit den Kopf gesenkt: Entweder las er vom Blatt ab – oder er schaute auf den Boden. Das führte nach einiger Zeit dazu, dass ein paar Frauen anfingen, miteinander zu tuscheln, was natürlich sehr störte. Seine einzige Reaktion darauf: Er begann, lauter zu sprechen.

Als ein Kellner vorsichtig den Kopf hereinstreckte, rief eine resolute Zuhörerin mitten in den Vortrag hinein: »Zahlen, bitte!«, worauf alle Frauen, wie auf Kommando, anfingen, in der Handtasche nach ihrem Geldbeutel zu kramen. Innerhalb weniger Minuten leerte sich der Nebenraum, während der Referent verwirrt seine Notizen zusammenpackte.

Das Gegenteil ist auch nicht zu empfehlen. Referenten, die *die Nase zu hoch tragen* und über die Köpfe ihres Publikums hinwegschauen, wirken überheblich und besserwisserisch.

Die Betonung liegt auf *wirken*. Es ist nicht entscheidend, ob die Wirkung dieser Kopfhaltung beabsichtigt ist. Entscheidend ist allein, wie sie bei den anderen ankommt.

Übrigens: Dieses Wissen ist nicht nur für Menschen, die Vorträge halten, interessant. Die Kopfhaltung und Kopfneigung wirken in kleinen Runden und im Zweiergespräch genauso stark. Und egal, was wir tun – wir beeinflussen unser Gegenüber durch jedes Wort, das wir sagen. Durch jede Geste. Und durch jeden Schritt, den wir ihm zu nahe kommen oder uns zu weit entfernen.

Zusammenfassung

- Haltung wirkt stärker als Worte.
- Eine aufrechte Haltung signalisiert Selbstsicherheit.
- Die Haltung zeigt, wer den höheren sozialen Status hat.
- Männer sind anders als Frauen – auch in der Körperhaltung.

Abstand

Wie viel Privatsphäre braucht der Mensch?

Bitte Abstand halten! Solche Schilder zum Schutz der Privatsphäre finden sich an Bankautomaten, Flughäfen oder Bahnhöfen. Und in der Regel respektieren wir sie auch, es gehört einfach zum guten Ton. Kein Mensch mag es, wenn man ihm beim Eintippen der Geheimzahl auf die Finger schaut oder ihm in der Abfertigungsschlange am Schalter den Koffer in die Knie rammt.

Dass Tiere ihr Territorium markieren und es notfalls mit Zähnen und Klauen bis aufs Blut verteidigen, weiß man schon lange, darüber gibt es unzählige Veröffentlichungen. Doch dass auch Menschen ihre Territorien haben und diese sorgfältig bewachen, wurde erst vor wenigen Jahrzehnten entdeckt.

Laut Lexikon ist ein Territorium ein abgegrenzter geografischer Bereich, der als Eigentum einer Person, Organisation oder Institution gilt. Jedes Land ist ein Territorium, das geschützt wird. Innerhalb eines Landes stellen die Bundesländer kleinere Territorien dar. Diese wiederum sind unterteilt in Städte, Stadtteile, Straßen.

Ein Territorium ist aber auch der Raum, den ein Mensch für sich beansprucht. Jeder Mensch hat sein persönliches Territorium, das er nach außen schützt. Das Haus beispielsweise wird bei uns gern durch einen Zaun oder eine Gartenhecke abgegrenzt. Und innerhalb des Hauses haben wir unsere Lieblingsplätze.

Das ist auch unterwegs so. Sind Sie schon mal mit dem Bus in Urlaub gefahren? Normalerweise nehmen die Menschen immer wieder dieselben Plätze ein. Wehe, wenn sich nach einer Pause ein anderer unbekümmert hier niederlässt – so was kann zu erbitterten Kämpfen führen.

Das gilt auch für das Auto. Wer hat nicht schon mal erbost feststellen müssen, dass ihm jemand anders den Parkplatz wegschnappt? Eine solche Territorialverletzung kann die Gemüter gewaltig erhitzen und hat schon zu manch handgreiflicher Auseinandersetzung geführt.

Menschen brauchen Abgrenzung

Jeder Mensch hat, wie eine schützende Luftblase oder einen unsichtbaren Mantel, eine individuelle Hoheitszone um seinen Körper. Allerdings gibt es keine für alle Menschen auf der Welt festgelegten Grenzen. Wie groß diese persönliche »Luftblase« ist, hängt vom Kulturkreis ab, in dem man aufgewachsen ist.

Der Autor Ken Cooper[4] untersuchte die Unterschiede in Caféhäusern auf der ganzen Welt. Seine Beobachtungen führten zu einem eindrucksvollen Ergebnis: Innerhalb einer Stunde berührten sich Gäste in London kein einziges Mal, in Florida zweimal, in San Juan aber 180-mal. Man kann sich also leicht vorstellen, wie bedrängt sich ein Londoner in St. Juan fühlen muss. Aber auch umgekehrt: Wie verlassen mag sich ein Puerto-Ricaner in London vorkommen?

Dieses unterschiedliche Distanzbedürfnis wirkt sich selbstverständlich nicht nur bei privaten Begegnungen in Caféhäusern aus, sondern auch bei Besprechungen am Arbeitsplatz. Schon manche Unterschrift scheiterte an diesem Umstand. Während der eine Vertragspartner die Nähe braucht und sucht, um Vertrauen zu fassen, fühlt sich der andere schon längst bedrängt und eingeengt und hegt Fluchtgedanken.

Die Globalisierung bringt es mit sich, dass wir sowohl beruflich als auch privat immer öfter im eigenen Land mit »Ausländern« zu tun haben – oder auf Reisen selbst »Ausländer« sind. Es erleichtert die Kommunikation und das Verständnis

4 Ken Cooper: Nonverbal Communication for Business Success, New York 1979

untereinander, wenn man die unterschiedlichen Distanzbedürfnisse kennt und respektiert. Niemand mag es, wenn man ihm *auf die Füße tritt* oder unerwünscht *auf die Pelle rückt* oder ihm *in die Karten schaut.* Wenn wir zu eng aufeinander gepfercht sind, erzeugt das leicht Aggressionen. Deshalb knallt es auch im Urlaub oft, wenn ein Paar von morgens bis abends *auf Tuchfühlung* ist und die von zu Hause gewohnte räumliche Distanz nicht wahren kann.

Auch zwischen Kollegen ist eine Abgrenzung nötig. In Büros bieten versetzt angeordnete Schreibtische, mannshohe Trennwände, in den Raum gestellte Aktenschränke und große Pflanzen einen gewissen Schutz. Treffen wir mit Fremden zusammen, zum Beispiel im Zug, sucht sich jeder möglichst sein eigenes Abteil. In Restaurants sind die Fensterplätze an der Wand entlang beliebter als freistehende Tische in der Mitte, und man setzt sich in der Regel auch nicht an besetzte Tische, so lange es noch freie gibt.

Sehr schön lässt es sich in einem Fahrstuhl beobachten, wie die Menschen krampfhaft versuchen, ihren Abstand zu wahren. Da der Raum hier meist sehr eng ist, tun sie einfach so, als seien die anderen nicht vorhanden. Normalerweise drücken sich Fremde in Fahrstühlen in die verschiedenen Ecken, versuchen, Berührungen so gut wie möglich zu vermeiden, fixieren aufmerksam die Stockwerksanzeige, starren auf den Boden oder an die Decke – Hauptsache, man guckt sich nicht in die Augen. Wenn es dann doch geschieht, schaut man schnell wieder weg. Zu langer Augenkontakt in dieser Enge wirkt bedrohlich.

Wer allein ist, verhält sich unbefangener

Wir verteidigen permanent unsere persönliche Hoheitszone. Allein der Anblick eines herannahenden Menschen genügt schon, um unsere Wachsamkeit zu wecken. Sofort verändern wir unsere körperliche Haltung. Und auch die innere. Ein

Mensch, der sich beobachtet – und damit auf eine gewisse Art und Weise kontrolliert – fühlt, *verhält* sich anders als ein Mensch, der sich alleine wähnt. Stellt sich hinterher heraus, dass man doch nicht alleine war, kann einem das ziemlich peinlich werden.

> Mein erstes Probetraining im Fitnessstudio. Es war frühmorgens, der Raum menschenleer. Die Trainerin erklärte mir den Bauchtrainer: »Und jetzt machst du drei Sätze à 20 Wiederholungen. Und vergiss ja das Atmen nicht.« Das Telefon klingelte, und weg war sie. Worauf hatte ich mich da bloß eingelassen? Ich bemitleidete mich selbst, begann mit den Übungen und seufzte und stöhnte aus vollem Herzen. Endlich hatte ich die drei Sätze beendet und durfte mich ausruhen. Da tauchte plötzlich hinter dem Gerät ein lächelndes Männergesicht auf: »Schade!«, grinste der Fremde. »Willst du nicht weitermachen? Dein Stöhnen hört sich gut an.« Mit puterrotem Gesicht griff ich nach meinem Handtuch und verließ fluchtartig die Stätte. Das Fitnessstudio habe ich übrigens nie mehr betreten.

Das Distanzbedürfnis hängt aber nicht nur vom Kulturkreis ab, sondern auch von altersbedingten Abgrenzungsphasen. Dieses Bedürfnis wird umso stärker, je enger man zusammenlebt und -wohnt und sich gegenseitig im Blickfeld hat.

> »Paradoxerweise«, erklärte mir ein Architekt, »sind offene Wohnformen einerseits gut für die Kommunikation, andererseits stören sie diese aber gewaltig. Für den Familienfrieden ist es nämlich ungeheuer wichtig, dass man bei der Planung das wechselnde Distanzbedürfnis berücksichtigt und eine Lösung findet, die je nach Bedarf sowohl Nähe als auch Abgrenzung zulässt. Nach meiner Erfahrung sind die offenen Wohnformen, bei der unten die Wohnräume und

oben die Kinderzimmer und das Schlafzimmer sind, absolut kontraproduktiv. Kleine Kinder suchen die Nähe und den Schutz der Eltern. Folglich verstreuen sie tagsüber all ihr Spielzeug unten in den Wohnräumen und fühlen sich abends im oberen Stockwerk weit abgeschoben. Da oben können sie nämlich die vertrauten Stimmen und Geräusche nicht hören, das macht Angst und erschwert das Einschlafen.

Die Eltern hingegen fühlen sich in ihrem Sexualleben gestört, wenn sie befürchten müssen, dass die Kinder aufwachen und etwas hören könnten. Das geht den Kindern später genauso, wenn sie in die Pubertät kommen und erwachsen werden. Sie haben ihre kleinen und großen Geheimnisse und brauchen in hohem Maße Abgrenzung.

Also«, lächelte er, »wenn junge Eltern wollen, dass ihre Kinder später möglichst schnell ausziehen, sollten sie ein offenes Haus bauen. Im Erdgeschoss einen großen Wohnraum, mittendrin eine Treppe, die nach oben führt. Damit hat man die Jugendlichen wunderbar unter Kontrolle und kann jedes Mal, wenn sie das Haus verlassen, neugierig fragen: »Wo gehst du hin? Wann kommst du wieder? Wen hast du da mitgebracht ...?«

Die vier Distanzzonen

Man unterscheidet vier Distanzzonen: die öffentliche Distanz, die gesellschaftliche Distanz, die persönliche Distanz und die intime Distanz.

Öffentliche Zone

Hier halten wir vier Meter und mehr Abstand. Diese Distanz zeigt Respekt, Vorsicht oder Angst. Lehrer, Referenten, Politiker, Stars stehen nicht innerhalb einer Gruppe, sondern davor.

Als Faustregel gilt: je höher die Hierarchie, umso größer der Abstand.

Gesellschaftliche Zone
Sie beträgt zwischen 150 Zentimeter bis 4 Meter. Wir nutzen sie, wenn es um unpersönliche Angelegenheiten geht, z. B. Geschäftsgespräche. Innerhalb dieser Distanz ist Augenkontakt gut möglich, es wird aber trotzdem genügend Abstand gewahrt. Diese Distanz ist auch am günstigsten bei Gesprächen mit mehreren Personen.

Persönliche Zone
Hier unterscheiden wir die nahe und die entfernte persönliche Distanz. Die entfernte Zone reicht von ca. einem bis anderthalb Meter. Sie ist die optimale Gesprächsdistanz im Zweiergespräch. Diese Entfernung lässt sich durch einen Händedruck noch überbrücken, die erforderliche Sprechlautstärke erlaubt aber auch, heikle Themen zu besprechen, ohne dass die Gefahr besteht, dass das ganze Lokal oder der Büroflur mitbekommt, worüber man spricht.

Die nahe persönliche Distanz reicht von ca. 60 bis 90 Zentimetern. So nahe lassen wir Bekannte an uns heran oder Menschen, die uns vorgestellt werden. Sie ist die ideale Entfernung zum Händedruck und zum persönlichen Gespräch.

Intime Zone
Diese Distanz ist uns am wichtigsten. Man unterscheidet zwei Zonen. Die erweiterte intime Distanz beträgt ca. 25 bis 60 Zentimeter. So weit lassen wir freiwillig vertraute Menschen an uns heran.

Die enge intime Distanz ist mit Hautkontakt und Berührung verbunden und nur ganz besonderen Personen vorbehalten. Das neugeborene Baby wird der Mutter auf den Bauch gelegt. Liebespaare streicheln sich, kuscheln miteinander, verschmelzen ineinander. Liebevolle Berührung ist ein wichtiges Lebenselixier, wichtiger noch als Sex. Wer keine Berührung bekommt, verkümmert in der Seele.

> Vorsicht im Job: Hier ist die intime Distanzzone, vor allem bei Erstkontakten zu Kunden und Kollegen, im wahrsten Sinn des Wortes mit Fingerspitzengefühl zu behandeln. Das nicht gewollte Eindringen in diese Zone durch Berührung kann Ablehnung oder sogar Aggression hervorrufen und das Selbstvertrauen vermindern.

Meist wird es nicht ausgesprochen, doch das Unbehagen zeigt sich an verschiedenen körpersprachlichen Signalen: Die *angegriffene* Person rutscht beispielsweise unruhig auf dem Stuhl hin und her, kreuzt die Beine, verschränkt die Arme, trommelt mit den Fingern auf den Tisch oder die Stuhllehne, rückt den Stuhl so weit weg wie möglich. Diese Signale drücken aus: *Du bist mir zu nah! Geh weg!*

Wer in die intime Distanz eines anderen Menschen eindringt, vermittelt die Botschaft: *Ich kann dir so nahe treten, wie ich will! Du bist unwichtig!*

Für Führungspersonen ist es wichtig, die Bedeutung der Distanzzonen zu kennen und sich selbst darauf hin zu beobachten, vor allem dann, wenn sie mit Menschen aus anderen Kulturen zusammenarbeiten. Treten Sie Ihren Mitarbeitern manchmal unbewusst zu nahe? Treten Sie Ihnen gar auf die Füße? Das führt zur Demoralisierung und kann die Betriebsabläufe erheblich stören.

Das Wissen um die Distanzzonen ist auch wichtig für Untergebene. Fühlen sie sich bedrängt, können sie bewusst eingreifen und den nötigen Abstand wieder herstellen.

Die goldene Regel: Abstand halten!

Die goldene Regel heißt: Abstand halten! Erst einmal die Grenzen testen! Langsam herantasten! Fingerspitzengefühl entwickeln!

Das gilt bei der neuen Arbeitsstelle ebenso wie für den neuen Flirt. Sie können sich viele Sympathien verscherzen, wenn Sie gleich am ersten Arbeitstag Ihren neuen Kollegen zu nahe kommen. Und Sie können kräftig Minuspunkte sammeln, wenn Sie Ihrem Flirt zu schnell zu nahe auf die Pelle rücken.

Dass das stimmt, können Sie leicht selbst überprüfen. Machen Sie doch mal folgendes Experiment:

> Schlendern Sie durch die Fußgängerzone Ihrer Stadt, schenken Sie der nächstbesten attraktiven Frau, die Ihnen begegnet, ein herzliches Lächeln – und umarmen Sie die Auserwählte. Wie wird sie wohl reagieren?

Mir sind dazu keine Untersuchungen bekannt. Aber ich stelle mir vor, dass Sie möglicherweise eine saftige Ohrfeige ernten, auf jeden Fall aber auf größere Überraschung stoßen. Es ist ja auch eine sehr ungewohnte Situation. In unserer Gesellschaft *tut man das nicht ...*

Doch es gibt keine Regel ohne Ausnahme: In einer anderen Umgebung ist dieses Verhalten nicht nur erlaubt, sondern sogar erwünscht. Im Tanzlokal nämlich. Tanzen macht nicht nur Spaß, es bietet auch die einzige Möglichkeit, wo einem Mann die gesellschaftlich anerkannte Erlaubnis gegeben wird, in die intime Distanzzone einer Unbekannten einzudringen und sie zu berühren.

Um auf die Fußgängerzone zurückzukommen. Noch interessanter fände ich die Frage: Wie würden wohl Männer reagieren, wenn sie von unbekannten Frauen umarmt werden ...?

Zusammenfassung

- Jeder Mensch schützt sein persönliches Territorium.
- Territorialverletzungen führen zu Auseinandersetzungen.
- Abgrenzung ermöglicht das Zusammenleben und die Zusammenarbeit.
- Vier Distanzzonen:
  Öffentlich. Gesellschaftlich. Persönlich. Intim.

KAPITEL 3

Verlängerte Körpersprache

Bisher haben wir uns mit der »klassischen« Körpersprache beschäftigt – mit Mimik, Gestik, Tonfall, Haltung und Distanz – und einen Eindruck davon bekommen, welch große Wirkung scheinbar kleine Signale entfalten können.

Vielleicht haben Sie inzwischen ja auch schon manches ausprobiert und bewusst eine Konfliktsituation entschärft – etwa durch ein freundliches Lächeln oder eine positive Geste? Vielleicht haben Sie ja auch schon das eine oder andere negative Signal an sich entdeckt, es weggelassen und dadurch eine offenere Kommunikation erreicht?

Vielleicht hat sich aber auch gar nichts geändert und alle Versuche sind wirkungslos verpufft ...?

Das wäre nicht verwunderlich. Schließlich gibt es über die »klassische« Körpersprache hinaus noch die »verlängerte« Körpersprache, die die Kommunikation maßgeblich mitbestimmt. Dazu gehören *Kleidung und Accessoires, Düfte und Gerüche, Klänge und Geräusche, Farben und Beleuchtung* und *die Raum- und Objektsprache.*

Kommen Sie mit! Wir wollen uns die einzelnen Faktoren der »verlängerten« Körpersprache einmal näher anschauen ...

Von den Socken bis zum Scheitel

Tennissocken zum Anzug? Eine Comic-Krawatte zur Geschäftsbesprechung? Trauerränder unter den Fingernägeln?

Eine solche »Todsünde« kann Sie den wertvollen Auftrag kosten – oder die aufkeimende Sympathie Ihres Blind Dates im Keim ersticken.

»Wie wichtig ist Kleidung für den ersten Eindruck und für die Einschätzung Ihrer Kompetenz?« Diese Frage stelle ich oft in meinen Seminaren, und daran können sich heftige Diskussionen entzünden. Die Meinungen sind geteilt, sie reichen von »ausschlaggebend« bis zu »nebensächlich«.

Aber wie wichtig ist sie nun wirklich? Eine einfache Demonstration überzeugt mehr als jedes Wort: Noch während der Diskussion verschwinde ich kurz hinter dem Flipchart, binde mir eine bunt gestreifte Kittelschürze um und trete so wieder vor meine Teilnehmerrunde. »Stellen Sie sich vor, Sie wären heute Morgen zum Rhetorikseminar gekommen und hätten Ihre Leiterin in einem solchen Outfit vorgefunden. Was hätten Sie gedacht? Wären Sie überrascht gewesen?«

Allerdings! Da sind sich alle einig. Jedem Menschen, ob Mann oder Frau, ob jung oder alt, ob Arbeiter oder Akademiker, ob modisch bewusst oder konservativ, würde diese Diskrepanz zwischen Erwartungshaltung und Erscheinungsbild sofort auffallen. Denn wer ein Rhetorikseminar besucht, erwartet kein Kochdress. Bei einem solchen Anblick signalisiert das Gehirn sofort: »Da stimmt was nicht!« Und umgekehrt, wer einen Kochkurs besuchen wollte, würde zwar die Schürze als stimmig empfinden, aber den Blazer darunter nicht.

Die Einschätzung orientiert sich am Outfit

Wir wissen genau, was in unserem Kulturkreis und bei der jetzigen Mode bei welchem Anlass angebracht und »normal« ist.

Für eine Karrierefrau in der Chefetage erscheinen uns nach heutigen Maßstäben Businesskostüm, dezenter Schmuck, elegante Schuhe und glänzende Seidenstrümpfe als normal. Ein solches Outfit unterstreicht ihre Kompetenz und passt zum Anlass.

Welches Urteil aber würden Sie fällen, wenn Ihnen dieselbe Frau im selben Kostüm abends auf dem Tennisplatz begegnet? Wahrscheinlich würden Sie die Aufmachung akzeptieren, solange die Dame sich im Klubhaus aufhält, mit der Leitung die Organisation des nächsten Turniers bespricht oder mit der Sporttasche in der Hand in Richtung Umkleidekabine marschiert. Aber was würden Sie denken, wenn sie sich stattdessen den Schläger unter den Arm klemmen und im eleganten Kostüm auf das Spielfeld stöckeln würde …?

Bei jeder Begegnung schätzen wir mit einem blitzschnellen Rundum-Blick die Erscheinung des Gegenübers ab: Figur und Haltung, Gesicht und Outfit. In Sekundenschnelle erstellen wir ein subjektiv gefärbtes Persönlichkeitsbild: sympathisch oder unsympathisch? Gepflegt oder ungepflegt? Vertrauenswürdig oder unzuverlässig? Kompetent oder nicht …?

Was man wo trägt, hängt natürlich auch von der Branche und der Firma ab. In der Werbebranche unterstreicht lässige, kreative, ausgefallene Kleidung die Individualität. Hier ist auch extravaganter Schmuck erlaubt – während für einen Banker eine schreiend bunte Krawatte schon fast revolutionär ist. Und in konventionellen Branchen hat sogar der Auszubildende im korrekten Anzug zu erscheinen.

Im Büro ohne Kundenverkehr können Frauen im Sommer ruhig ohne Strümpfe dasitzen, in repräsentativen Vorzimmern hingegen sind nackte Frauenbeine genauso verpönt wie Tennissocken bei Männern.

Manchmal entsprechen die Erwartungen allerdings nicht den tatsächlichen Gepflogenheiten, und so tun Neulinge durchaus gut daran, sich im Vorfeld nach den individuellen Gewohnheiten zu erkundigen.

»Heute hat wieder ein hoffnungsvoller Student bei uns angefangen«, grinste ein Softwareentwicklungs-Ingenieur. »Am ersten Tag kommen sie alle geschniegelt und gebügelt mit Anzug und Krawatte daher und sind ganz platt, weil die meisten von uns in Jeans und T-Shirt dasitzen. Am zweiten Tag kommen die meisten dann auch leger daher.«

Farben setzen Signale

Der Schnitt und die Farbe der Kleidung geben teilweise sogar Hinweise auf Beruf und Status: Der weiße Kittel kennzeichnet den Arzt, die grüne Uniform den Polizisten, die schwarze Tracht die Nonne.

Bei Uniformen hat der Einzelne keinen Einfluss auf die Farbgestaltung, wohl aber bei der nach eigenem Geschmack zusammengestellten Garderobe. Nicht jede Farbe passt zu jedem Typ, und durch eine geschickte Farbwahl lassen sich erstaunliche Effekte erzielen!

Gönnen Sie sich einmal eine Typberatung, und finden Sie *Ihre* Farben heraus. Bei manchen Menschen sieht beispielsweise Weiß festlich und schick aus, während andere wirken, als seien sie krank. Schwarz macht manche rassig und sexy, andere wiederum blass und traurig. Welche Farben jemandem stehen, hängt von der Haut- und Haarfarbe ab.

Überlegen Sie bei der Auswahl aber nicht nur, welche Farben Ihnen stehen, sondern auch, welche Signale Sie damit aussenden und welche Wirkung Sie dadurch erzielen. Wollen Sie Ihren Liebhaber betören? Dann eignet sich die rote Unterwäsche sicher gut zum Auftakt einer leidenschaftlichen Nacht.

Wollen Sie einen Vortrag halten? Dann kann ein knallroter Blazer energie- und kraftvoll wirken und Ihre dynamische Ausstrahlung unterstreichen. Aber Vorsicht: Die Farbe Rot steht auch für Wut und Aggressivität. Wenn jemand *»Rot sieht«*, ist er nicht verliebt, sondern ausgesprochen wütend. Pastellfarbene Töne hingegen signalisieren Leichtigkeit oder Schutzbedürftigkeit.

Natürlich spielt auch das Geschlecht eine große Rolle. Ein

lachsfarbener oder lila Blazer kann einer Frau gut stehen, während solche Farben für Männer weniger geeignet sind.

Generell gilt: Dunkle, gedeckte Farben vermitteln bei Männern und Frauen Kompetenz und Seriosität. Nackte Haut und hochhackige Schuhe sind in den Vorstandsetagen genauso wenig gefragt wie aufgeknöpfte Herrenhemden mit Blick auf die Brustbehaarung.

Ob es dem Einzelnen nun gefällt oder nicht: Wer Karriere machen und seine Position behaupten will, tut gut daran, die »Uniform« zu tragen, die in der jeweiligen Firma und Branche erwartet wird. Je höher man sich auf der Karriereleiter bewegt, umso wichtiger wird das Outfit, und wer over- oder underdressed erscheint, handelt sich unnötige Minuspunkte ein.

Die Ausdruckskraft der Haare

Minuspunkte bekommt auch, wer mit ungepflegten Haaren erscheint. Ein traurig herabhängender Schnurrbart verleiht einen negativen Gesichtsausdruck. Eigelb im Vollbart, wuchernde Haarbüschel in den Achselhöhlen, fettige Zotteln auf dem Kopf oder Schuppen auf dem Jackett wirken einfach nur abstoßend.

Kennen Sie das Phänomen der *Bad Hair Days*? An diesen Tagen helfen kein Waschen, Kämmen, Bürsten, kein Zupfen und Toupieren, kein Gel, kein Spray. Die Haare fallen gnadenlos zusammen – das Selbstbewusstsein auch.

Das ist gerade dann bitter, wenn man einen guten Eindruck machen will, denn Haare gehören zu den wichtigsten nonverbalen Kommunikationsmitteln. Menschen mit gepflegten und gut aussehenden Haaren werden mit Optimismus, positiver Leistungsmotivation, Modebewusstsein und sozialer Kompetenz in Verbindung gebracht. Ungepflegte oder ungesund aussehende Haare assoziiert man mit mangelndem Selbstwertgefühl, negativer Lebenseinstellung und niedrigem sozialen Status.

Haarschnitt, -farbe und -beschaffenheit spielen bei der Einschätzung eine große Rolle. Bei Frauen wirkt langes, seidiges, glänzendes Haar sexuell anziehend. Eine wild wuchernde, ungebändigte Löwenmähne wird mit Leidenschaft assoziiert, kurze Haare gelten als unweiblich und ein diagonaler Haarschnitt als exzentrisch. Ein Strubbellook wirkt unbekümmert und selbstbewusst, platinblonde, auftoupierte Haare billig, mausgraue Zotteln langweilig, ein dunkler Pagenkopf rassig. Graue Haare machen Frauen alt, Männer hingegen attraktiv.

Bei Männern stehen lange Haare für Kreativität. Ein zusammengebundener Pferdeschwanz deutet auf einen Künstler hin, es könnte sich aber auch um einen Aussteiger handeln. Lange Haare bei Männern sehen leicht ungepflegt aus. Ein exakter Kurzhaarschnitt wirkt steif, und halblange Haare mit Mittelscheitel freundlich, aber unsicher. Ein Seitenscheitel signalisiert Vertrauenswürdigkeit, aber auch Verklemmtheit.

Sie sehen, anhand unserer Frisur und Haarbeschaffenheit ziehen unsere Mitmenschen Schlüsse auf unseren Seelenzustand und unsere Tagesform. Übrigens tun das nicht nur die Mitmenschen, sondern auch unser eigenes Unterbewusstsein. Sind wir mit unserem Aussehen zufrieden, steigt die Stimmungslage. Mögen wir uns äußerlich nicht, fällt die Stimmung.

Grund genug also, die Frisur einmal kritisch darauf hin zu überprüfen, ob sie überhaupt zu Ihrem Typ passt. Vielleicht geht es Ihnen dann auch wie mir: Meine Haarstruktur ist dünn und schlaff, aber jahrzehntelang klammerte ich mich an meinem Traum von der wilden, schulterlangen Löwenmähne fest, ließ Dauerwellen über mich ergehen, föhnte, zupfte und toupierte, schmierte haufenweise Gel und Schaum ins schlaffe, fahl brünette Haar und versuchte, mit viel Haarspray Fülle vorzutäuschen. Vergeblich. Als mir meine Friseurin unbedingt einen Kurzhaarschnitt verpassen wollte, wechselte ich lieber den Laden, als mich ihren Argumenten zu beugen. Dreimal.

Von der vierten Friseurin ließ ich mich endlich überzeugen. Gegen meinen erheblichen Widerstand ver*passt*e sie mir eine neue Haarfarbe und einen Kurzhaarschnitt. Der passte nun wirklich zu mir, und seither fühle ich mich viel wohler in meiner Haut.

Die Haut spricht Bände

Apropos Haut: Sie ist ein Spiegel der Seele. Bei vielen Menschen kann man an der Gesichtshaut ablesen, wie sie sich fühlen: Bei Stress reagieren sie mit einem Hautausschlag. In einer peinlichen Situation kriecht ihnen eine verräterische Röte in die Wangen. Und wer vor Wut beinahe aus der Haut fährt, wird purpurrot im Gesicht.

Die Hautfarbe gehört mit zu den körpersprachlichen Signalen, an denen wir Fremde einschätzen. Der neue Kollege wird Ihnen vorgestellt. Blass und bleich ist er. Bevor Sie einen Ton mit ihm sprechen, haben Sie ihn wahrscheinlich schon in eine Schublade gesteckt: Streber, Bücherwurm, Computerfreak ...?

In der Kantine begegnet Ihnen die hübsche Blonde vom Schreibdienst, die sie ein paar Wochen nicht mehr gesehen haben. Sie ist tief sonnengebräunt. »Aha«, denken Sie, »frisch aus dem Urlaub zurück. Wohl den ganzen Tag am Strand gelegen. Macht die sich eigentlich keine Gedanken über Hautkrebs und Falten?«

Oder nehmen wir an, Sie sind in Stuttgart und suchen eine Straße. Drei Menschen kommen Ihnen entgegen: eine dunkelhäutige Frau mit Kopftuch, ein Farbiger im bunten Gewand und ein Weißer in Jeans. Wen fragen Sie nach dem Weg ...?

Das ist mir vor kurzem passiert, ich hatte diese Wahl. Ich habe den Weißen angesprochen. Der zuckte bedauernd die Schultern: »Keine Ahnung!« Der Farbige blieb stehen und meinte in breitem Schwäbisch: »Noi, die Schdrooss kenn i au net!« Die türkisch aussehende Kopftuchfrau beobachtete das

Ganze und erklärte mir mit einem feinen Lächeln in akzentfreiem Deutsch den komplizierten Weg.

Düfte beeinflussen die Sympathie

Sicher ist Ihnen auch schon einmal ein Mensch begegnet, bei dem Sie dachten: »Den kann ich nicht riechen!« Schlecht, wenn es sich dabei um einen Kollegen handelt. Die Zusammenarbeit wird wahrscheinlich nicht sehr fruchtbar sein, denn Düfte beeinflussen die Sympathie erheblich.

Düfte treffen mitten in die Emotionen. Sie dringen ohne Umwege zum Zwischenhirn vor und wirken dort unmittelbar auf das limbische System. Das ist der älteste Teil unseres Gehirns und wichtig für das Entstehen und Regulieren von Gefühlen.

Düfte können Wohlgefühl verbreiten. Sie können entspannend wirken oder vitalisierend. Sie können die Arbeitsleistung steigern, für gute Laune sorgen, erotische Atmosphäre vertiefen, Erinnerungen wachrufen, Heißhunger wecken. Ein köstlicher Pizzaduft wirft in Sekundenschnelle alle guten Diätvorsätze über den Haufen, Orangenduft weckt Erinnerungen an Weihnachten und ein wohlriechendes Aftershave zieht Frauen an wie Motten das Licht.

Ob in Kaufhäusern, Büros, Kinos oder Restaurants – immer öfter werden wegen ihrer Wirkung Düfte eingesetzt, in Form von Spray oder Gel, Räucherstäbchen oder Aromalampen. Die Regale in Drogerien quellen über mit verführerisch verpackten edlen Schaum- und Ölbädern, Duftkerzen und Aromafläschchen, die Entspannung und Relaxen versprechen oder Aktivierung und Sinnlichkeit.

Düfte sind allerdings mit Vorsicht zu genießen. Weil die ständige »Beduftung« in empfindlichen Nasen Allergien auslösen kann und weil nicht alle auf dieselben Duftnoten abfahren. Was dem einen als herrlicher Wohlgeruch erscheint, kann jemand anders als fürchterlichen Gestank empfinden.

Endlich geschafft. Beim Tanzen hatte ich eine bezaubernde Frau kennen gelernt. Wir trafen uns ein paar Mal, aber sie blieb ziemlich unnahbar. Doch dann rief sie mich an: ob ich nicht heute Abend auf ein Glas Wein vorbeikommen wolle? Und ob ich wollte. Ich konnte es kaum abwarten und malte mir den Abend in den schönsten Träumen aus. Doch als sie mir die Tür öffnete, verging mir die ganze Leidenschaft. Die gesamte Wohnung roch intensiv nach Räucherstäbchen! Diesen Geruch kann ich einfach nicht ertragen ...

Gerüche kann man nicht ignorieren.
Gerüchen ist man wehrlos ausgesetzt. Vor allem, wenn man auch noch mit verschiedenen Duftnoten konfrontiert wird.

Mit Schrecken denke ich an eine Straßenbahnfahrt im Hochsommer. Neben mir ein älterer Herr im verschwitzten Nylonhemd, schon schlimm, als er ruhig dasaß, unerträglich, als er beide Arme hob, sich über seine spärlichen Haare strich und dabei aus seinen dunkelgeränderten Achselhöhlen wuchtige Schweißwolken verströmte. Die dauergewellte Dame uns gegenüber mochte den Duft wohl auch nicht. Sie zog ein Kölnisch Wasser aus der Tasche und parfümierte sich ausgiebig damit ein, was bei mir prompt zu starkem Würgereiz und Fluchtreflexen führte. Ich stolperte zur Tür und stieg zwei Stationen früher aus.

In diesem Fall hatte ich das Glück, dass ich mich sofort entziehen konnte. Aber was tut man am Arbeitsplatz, wenn man permanent mit einem unangenehm riechenden Menschen zusammenarbeiten muss?

Einer unserer Sachbearbeiter müffelt grässlich nach einem Gemisch aus Knoblauch, Alkohol und kaltem Rauch. Wenn er neben mir sitzt und in den PC diktiert, muss ich mich zusammenreißen, damit ich nicht aufspringe und wegrenne. Aber ich kann doch nicht einfach was zu ihm sagen. Dummerweise riecht er nicht nur schlecht, er sieht auch noch schlecht. Also rückt er immer näher an mich heran, damit er auf dem Bildschirm etwas erkennen kann. Und ich rutsche immer weiter weg.

Inzwischen hat mir aber eine Kollegin ihren »Ellbogen-Zoom-Maustrick« verraten, mit dem sie sich den Mann auf Abstand hält. Funktioniert ganz gut. Wenn er kommt, stelle ich den Zoom auf 150 %, sodass er den Bildschirminhalt besser erkennen kann. Statt der Tastaturbefehle, die ich normalerweise verwende, benutze ich dann ausschließlich die Maus, und zwar mit großen, weit ausholenden, den ganzen Schreibtisch umfassenden Bewegungen. Wenn er mir dann zu nahe kommt, kriegt er den Ellbogen in die Rippen, bekommt ein entschuldigendes Lächeln und die freundliche Bitte, ein bisschen Abstand zu halten und mir genügend Platz zum Arbeiten zu lassen. Seither geht es einigermaßen.

Dieses Verfahren setze ich inzwischen auch bei einem anderen Kollegen ein. Der riecht zwar gut, aber er grabscht mir zu viel.

Schweißgeruch macht unsympathisch. Es lohnt sich also durchaus, sich selbst einmal kritisch zu überprüfen, ob mehr Pflege angebracht ist. Nicht nur im Job, sondern auch zu Hause. Es ist zwar ungeheuer bequem, nach dem Sport den Jogginganzug anzubehalten, es kann aber durchaus passieren, dass der Partnerin dieser Anblick im wahrsten Sinne des Wortes »stinkt«. Verschwitzte, ungewaschene Achselhöhlen und Genitalien oder fetttriefende Haare verströmen unangenehme Duftwolken und mangelnde Körperpflege gehört zu den meistgenannten Störfaktoren in Partnerschaften.

Der Geruch hängt aber nicht nur von der Körperpflege ab, sondern auch von der Nahrung. Wer sich mittags eine leckere knoblauchgetränkte Pizza gönnt, braucht sich nicht zu wundern, wenn das abends mit dem Sex nichts wird. Und wer mit einer Alkoholfahne zum Vorstellungsgespräch erscheint, wird höchstwahrscheinlich den Job nicht bekommen.

Neben dem durch Nahrung, Schwitzen und Kosmetik hervorgerufenen Geruch besitzt jeder Mensch noch einen eigenen persönlichen Geruch, der durch verschiedene Hautdrüsen bedingt ist. Dieser Geruch verändert sich im Laufe der Zeit. Ein Baby strömt andere Duftwellen aus als ein Erwachsener oder ein Greis, und Männer riechen anders als Frauen. Das spielt auch bei der Partnerwahl eine große Rolle.

Wohlgeruch macht attraktiv

Der Geruch gehört zu den wichtigsten sexuellen Reizmitteln. Die Parfümindustrie nutzt diesen Umstand gewinnträchtig und bietet eine Fülle von Parfüms und Rasierwässerchen an, die Pheromone enthalten. Das sind Sexuallockstoffe, die Mensch und Tier absondern, um das andere Geschlecht anzuziehen.

»Sie riechen unheimlich gut!« Hatte ich das wirklich zu meinem neuen Kollegen gesagt, den ich kaum kannte? Wie peinlich! Und dazu war ich ihm viel zu nahe auf die Pelle gerückt! Hastig trat ich einen Schritt zurück, um den normalen Abstand wieder herzustellen.

Der Neue lachte: »Riecht toll, nicht wahr? Hätte ich nie geglaubt, dass das auf Frauen so wirkt. Vor ein paar Tagen ist eine Kollegin den langen Büroflur ganz dicht hinter mir hergegangen. Als ich mich umgedreht habe, ist sie beinahe mit mir zusammengestoßen. Sie hätte unbedingt an mir schnuppern müssen, meinte sie. Und stellen Sie sich vor«, grinste er, »vor ein paar Wochen ist mir so etwas Ähnliches in einem großen Kaufhaus passiert. Da stand ich auf der Rolltreppe und hinter mir eine tolle Frau, die ich im Spiegel sah. Ich hätte sie gern angesprochen, aber mir fiel nichts Intelligentes ein. Während ich mir noch den Kopf zermarterte, fragte sie mich plötzlich, welches Rasierwasser ich denn benutze. Ich muss sagen, diese Spontaneität und der Mut, einen fremden Mann anzusprechen, haben mir echt imponiert. Also habe ich die Gelegenheit beim Schopf gepackt und ihr das Angebot gemacht, dass ich ihr die Marke verrate, wenn sie mit mir einen Kaffee trinken geht. Das hat sie dann auch gemacht«, strahlte er über das ganze Gesicht.

Andere Düfte verbreiten gute Laune, wie dieser kleine Zwiebeltrick aus der Ehepraxis zeigt:

»Wenn ich gar keine Zeit oder Lust zum Kochen habe, schneide ich einfach ein paar Zwiebelringe und stell die Pfanne auf den Herd. Kurz bevor er heimkommt, sause ich schnell in die Küche und schalte ein. Dann riecht es lecker, wenn er zur Tür reinkommt, und er ist erst mal zufrieden.«

Gerüche können die Atmosphäre vergiften

Gerüche verbreiten nicht nur gute Laune. Vor allem am Arbeitsplatz toben oft erbitterte Kämpfe um das Rauchen. Der Streit um den blauen Dunst vergiftete die Atmosphäre manchmal derart, dass die Angelegenheit schließlich gerichtlich geregelt werden musste. Seit dem Jahr 2002 sind Arbeitgeber nun gesetzlich verpflichtet, einen rauchfreien Arbeitsplatz zur Verfügung zu stellen.

Für Liebespaare aber gibt es keine gesetzliche Regelung, hier entscheidet die Bereitschaft zur gegenseitigen Rücksichtnahme. Ist die nicht vorhanden, bleibt womöglich nur die Trennung als Ausweg. Denn Rauchen polarisiert, und wenn ein Kettenraucher und eine gesundheitsbewusste Nichtraucherin aufeinander prallen, gibt es viel Konfliktstoff.

Umgekehrt ist es meist noch schlimmer. »Da kann ich ja gleich einen Aschenbecher küssen«, fauchte unlängst ein Bekannter wütend und wandte sich brüsk ab, als seine neue Freundin nach einer Zigarettenpause frierend vom schneebedeckten Balkon ins Wohnzimmer kam. Sie nahm zwar Rücksicht auf seine Bedürfnisse, indem sie nicht in der Wohnung rauchte, aber er konnte sich mit der Rauchwolke nicht abfinden, die sie dann anschließend mit in die Wohnung brachte. Als ich ihm wenige Wochen später begegnete, war er wieder solo.

Liebliche Klänge und ohrenbetäubender Lärm

Töne können ebenfalls polarisieren. Was dem einen als lieblicher Klang erscheint, ist für den anderen ohrenbetäubender Lärm, und nicht selten gibt es eine Menge Krach um den Krach.

»Mach das gefälligst leiser! Das Gestampfe kann man ja nicht mit anhören!« Jugendliche verdrehen die Augen und hegen Mordgedanken, wenn Mutters Stimme störend mitten in den satten Sound der supergeilen Heavy-Metal-CD schrillt. Umgekehrt fliehen sie vielleicht protestierend, wenn die Eltern entzückt den Klängen einer Operette lauschen. »Boah, ey, was für ein Gejaule! Ist ja echt ätzend!«

Geräusche wecken Emotionen

Wir sind ständig von Geräuschen umgeben. Geräusche erzeugen Stimmungen und Atmosphäre, Gefühle und Empfindungen. Durchdringendes Sirenengeheul beispielsweise versetzt uns in Alarmbereitschaft, während das sanfte Knistern des Feuers im Kamin uns ein Gefühl der Wärme und Geborgenheit vermittelt.

Einschmeichelnde Töne wecken Wohlgefühl, meditative Töne lassen den Gedanken freien Lauf. Tiefe Töne erzeugen Gruseln im Bauch; obwohl man sie gar nicht mehr bewusst hört, nimmt man sie als Vibration in der Magengegend wahr und verspürt dabei Angst und Beklommenheit.

Filmemacher wissen, dass durch verschiedene Töne verschiedene Emotionen hervorgerufen werden, und setzen das Klangerlebnis als wirkungsvolles dramaturgisches Element ein. So wie in dieser Stummfilm-Szene, die ich vor vielen Jahren einmal gesehen habe. Sie zeigte einen Mann und eine Frau im Wald. Sie, vorneweg, dreht sich immer wieder zu ihm um, er streckt die Arme nach ihr aus, sie läuft weiter. Er holt sie ein, nimmt sie in die Arme, sie reißt sich los, läuft weg, er fängt sie wieder ein ...

Nicht die Bilder haben mich dabei beeindruckt, sondern die Vertonung. Dieselbe Szene wurde nämlich zweimal gezeigt, aber mit unterschiedlichen Tönen, Klängen und Geräuschen unterlegt.

> In der ersten Szene hört man leichte, beschwingte Musik. Die Kamera fängt das lächelnde Gesicht der Frau ein, während sie langsamer wird und ihn näher herankommen lässt, die Arme nach ihm ausstreckt, die Distanz mal verringert und mal vergrößert. Als er sie erreicht hat und in die Arme nimmt, will sie sich entwinden und weglaufen. Das gelingt ihr auch ein-, zweimal, dann holt er sie wieder ein und drückt sie fest an sich. Die Szene wirkt heiter, spielerisch. Zwei Verliebte, die einander necken und Spaß haben.
>
> Dieselben Bilder noch einmal, diesmal nicht mit heiterer Musik, sondern mit abgehackten Geräuschen. Dro

hend. Hart. Disharmonisch. Herzklopfen. Schnelle Schritte. Jetzt scheint das Gesicht der Frau angestrengt, verzerrt. Sie fühlt sich offensichtlich verfolgt. Man kann ihre Angst förmlich an ihren Bewegungen sehen, an ihrer Mimik, den ausgestreckten Händen, mit denen sie den Verfolger beim Umdrehen abzuwehren versucht, an der Kraft, mit der sie sich der Umarmung entgegenstemmt und sich losreißen kann, aber nur, weil er seinen Griff lockert und ihr ein paar Sekundenbruchteile Freiheit gewährt, bevor er sie wieder in den Klammergriff nimmt.

Faszinierend, welch unterschiedliche Wirkung alleine durch die unterschiedlichen Klänge und Geräusche entsteht und wie sehr das Klangerlebnis den Eindruck bestimmt.

Klangqualität kurbelt die Kauflust an

Nicht nur Filmemacher arbeiten mit Tönen, Klängen und Geräuschen. Auch die Autoindustrie gibt Millionen für Sounddesign aus, weil Töne und Geräusche direkt auf die Emotionen wirken. So wird wohl in Zukunft beim Autokauf neben der Ausstattung auch die Klangqualität das wichtigste Kriterium sein.

Früher legten die Kunden großen Wert auf Sicherheit und Technik, heute hingegen kauft man mit allen Sinnen: Das Auge will einen glänzenden Lack. Die Nase will nach Leder duftende Autositze. Und das Ohr verlangt den entsprechenden Sound: Der Roadster soll röhren wie ein Hirsch, die Limousine sanft-wohlig schnurren, die Autotür eines Luxuswagens mit einem satten »Plopp« schließen. Lichtmaschine, Servolenkung, Fensterheber – alle Geräusche müssen aufeinander abgestimmt sein, sozusagen als Klangsymphonie auftreten. Fällt die Autotür mit einem satten »Plopp« ins Schloss, vermittelt das Sicherheit, man fühlt sich in diesem Auto, als säße man in einer Burg. Scheppert die Tür hingegen blechern ins

Schloss, lässt uns das vermuten, dass die Karosserie bald auseinander bricht.

Ein satter Sound ist auch für Alltagsgegenstände wichtig. Nur was gut klingt, wird gekauft. Das Geräusch eines Produktes ist für Konsumenten genauso wichtig wie das Aussehen oder der Preis. Das Einzugsgeräusch eines CD-Players muss satt und saugend klingen, wenn die Scheibe eingezogen wird, obwohl die Lademechanik keine Rolle für die Wiedergabequalität spielt. Der Rasierapparat muss brummen, obwohl er genauso gut geräuschfrei arbeiten könnte, aber der Kunde will hören, dass der Bartwuchs gestutzt wird. Kartoffelchips müssen krachen und Butterkekse müssen knuspern, damit sich das volle Geschmackserlebnis entfalten kann.

Lärm macht aggressiv

Sounds rufen allerdings nicht nur angenehme Gefühle hervor, sie stören auch die Konzentration, rauben den Schlaf und machen aggressiv.

Der Mensch wird heutzutage nahezu rund um die Uhr beschallt. Völlige Ruhe gibt es kaum noch. Auch nicht in ländlichen Gegenden. Denn da donnert der Tiefflieger über das Dach, Motorräder knattern übers Feld, vorbeirauschende Autos stören den Schlaf. Die heimische Stereoanlage hämmert, was die Lautsprecher hergeben. Bei Rockkonzerten bebt die Halle und die Ohren klingeln. In der Disco schreit man sich heiser. Handyklingelorgien nerven. Das pausenlose Kindergeschrei vom Spielplatz schrillt in den Ohren. Der eine Nachbar knattert nachmittags mit dem Rasenmäher durch den Garten, während der andere abends fröhlich laute Grillpartys feiert.

Geräuschen kann man nicht ausweichen. Das Ohr lässt sich nicht abschalten, und so ist man der Reizüberflutung durch Geräusche wehrlos ausgesetzt. Der anhaltende Lärm und der damit verbundene Schlafentzug schädigen aber nicht nur das Gehör, sie rauben auch die Konzentration, verursachen Lernschwierigkeiten und fördern Aggressivität, selbst bei eigentlich friedliebenden Menschen. Zum Beispiel dann, wenn sie neben einem selig schnarchenden Menschen liegen und nicht einschlafen können. So etwas kann zu heftigen körperlichen Attacken führen, und – wenn machbar –, oft ist der Umzug in einen anderen Raum die bessere Lösung …

Raum- und Objektsprache

Raumgemäßes Verhalten

Unser Verhalten und Wohlbefinden wird von vielen Faktoren bestimmt. Auch von dem Raum, in dem wir uns befinden. Hierbei spielt die Funktion eine große Rolle: In der Disco tanzt man. In der Kirche kniet man. Im Festzelt lacht man. In der Sauna ist man nackt. Wer sich nicht raumgemäß verhält, fällt auf oder bekommt Ärger. Stellen Sie sich einmal vor, was geschieht, wenn Sie nackt in die Kirche marschieren oder in der Sauna schallend Kirchenlieder singen …

Wie man sich wo benimmt, hängt von der Funktion ab, aber auch vom Umfeld, Raumgröße, Farben, Licht und Temperatur:

- *Das Umfeld:* Im Industriegebiet darf man auch mal laute Musik machen, im Wohngebiet hagelt es Beschwerden.
- *Die Raumgröße:* In einem großen Saal braucht man ein Mikrofon, damit man von allen gehört wird. Im Fahrstuhl dagegen dämpft man die Stimme, damit man nicht von allen gehört wird.
- *Farben und Licht:* Ein heller, farbharmonischer, sonnen-

durchfluteter Raum vermittelt das Gefühl des Sichwohlfühlens. In einem dunklen Keller oder Parkhaus fühlt man sich unbehaglich. Das Dinner im warmen Kerzenlicht ist weitaus romantischer als unter einer gleißenden Kaltneonröhre.

- *Temperatur:* In einem zugig kalten Massagestudio lässt es sich schlecht entspannen. Im schwül heißen Seminarraum kann man sich schlecht konzentrieren.

Einrichtung und Dekoration lassen Rückschlüsse zu

In den eigenen Räumen spiegeln sich Lebenseinstellungen wider. Es ist interessant, jemanden in seiner eigenen Wohnung zu erleben. Die Einrichtung und die Dekoration lassen nämlich interessante Rückschlüsse auf den Geschmack, die Vermögensverhältnisse und die Lebensgestaltung des Bewohners zu.

> Als ich seine Wohnung betrat, schrillten bei mir sämtliche Alarmglocken. Im Flur lag ein Häkeldeckchen unter dem Telefon. Im Wohnzimmer stand eine Eiche-Rustikal-Schrankwand aus Omas Zeiten. In der Küche wartete ein Wäschekorb mit säuberlich gefalteten Handtüchern und glatt gebügelten Hemden. Als er auf der Toilette war, nutzte ich die Gelegenheit und schaute in sein Tiefkühlfach. Tatsächlich: In Reih und Glied standen dort mehrere Mikrowellenbehälter, fein säuberlich beschriftet. Mami sorgte wirklich gut für ihren inzwischen 30-jährigen Sohn. Für mich war klar: Da lasse ich die Finger weg! So eine Beziehung habe ich nämlich schon einmal mitgemacht und mir geschworen: Das tu ich mir nie wieder an!

Räume erzählen Bände über die Gewohnheiten und Freizeitgestaltung. Wird das Zimmer von einem riesigen Fernsehapparat beherrscht? Liegt Häkelzeug auf dem Boden herum? Lehnt eine Gitarre an der Wand? Stapeln sich auf dem Beistelltisch

Schundromane oder anspruchsvolle Literatur? Stehen im CD-Regal klassische Musik, Schlager, Techno?

Auch die Bilder an der Wand können sehr aussagekräftig sein und sich in besonderen Fällen sogar auf das eigene Verhalten auswirken:

> Ob ich noch mitkommen wolle, fragte er mich. Oh ja, das wollte ich. Auch bei mir hatte es kräftig gefunkt.
>
> Als er die Tür aufschloss, stach mir im Flur ein großes Poster ins Auge: eine nackte Blondine mit einem Riesenbusen. Unwillkürlich zuckte ich zusammen. Ob er etwa auf große Brüste steht? Sofort kamen Komplexe hoch, denn mein Busen ist nicht besonders groß.
>
> Im Wohnzimmer hingen zwei ähnliche Bilder. Ich setzte mich so, dass ich sie nicht sehen konnte. Aber mir war die Stimmung verdorben, und als er mich küsste, stellte ich mir seine Enttäuschung vor, wenn ich meinen Push-up ausziehen würde. Unter einem Vorwand habe ich mich bald verabschiedet und die Beziehung abgebrochen.

Wie viel Ordnung braucht der Mensch?

Zur Raumsprache gehört ein weiterer wesentlicher Faktor: die Ordnung!

> »Hast du noch Lust auf einen Kaffee?«, fragte mich die tolle Frau, die ich vor kurzem kennen gelernt hatte. Mir wurde heiß. Klar hatte ich Lust. Nicht nur auf einen Kaffee.
>
> Ich fuhr ihr hinterher. Nette Gegend. Sie schloss die Haustür auf. Im Flur quollen mir mehrere Schuhpaare entgegen, eine Sporttasche lag auf dem Boden, daneben ein Ordner. Auf der Garderobe alte Zeitungen, eine zerknüllte Zigarettenschachtel und ein angebissener Apfel. Ungemütlich, dieser voll geramschte Eingang. Passte überhaupt nicht zu ihrem schicken Outfit. Das Schlafzimmer war

noch schlimmer. Die Atmosphäre in der Rumpelkammer hat mich ganz schön abgetörnt.

Menschen sind unterschiedlich. Der eine braucht ein gewisses Maß an Ordnung, um sich wohl zu fühlen, der andere ein gewisses Maß an Unordnung. Klaffen die Vorstellungen in diesem Punkt zu weit auseinander, gibt es unweigerlich Konfliktpotenzial. Die unterschiedlichen Vorstellungen von Ordnung sind ein großer Zankapfel in Beziehungen. Wie viele erbitterte Kämpfe gab es schon um nicht zugedrehte Zahnpastatuben oder schmutzige Socken auf dem Boden.

Doch auch am Arbeitsplatz ist Ordnung ein wichtiges Thema. Die verschwundenen Akten, die falsch abgelegten Dateien, der nicht aufgefüllte Toner im Kopierapparat, die verschmutzten Kaffeetassen in der Kaffeeküche ... Der schlampige Umgang mit Gegenständen kann viel Staub aufwirbeln und zu erheblichen Kommunikationsstörungen führen.

Objektsprache

Mit welchen Objekten umgibt sich ein Mensch? Auch das gehört zu den vielfältigen Faktoren, nach denen wir andere Menschen einschätzen. Oft sogar schon, bevor wir sie überhaupt zu Gesicht bekommen haben: das Prestigeauto vor dem Haus, die Golftasche in der Hand, der goldene Wasserhahn im Bad – wohl was Besseres, die neuen Nachbarn, nicht wahr? Geld scheinen sie ja genug zu haben!

Die zerbeulte alte Kiste, die man wohl kaum als Auto bezeichnen kann, dazu das Zelt obendrauf und haufenweise Spielzeug vor der Tür: Ach du liebe Zeit, die neuen Nachbarn haben Kinder! Hoffentlich machen die nicht so viel Krach und Dreck!

Die Einschätzung und Meinungsbildung auf Grund solcher

Beobachtungen sind gefährlich. Das Golfpaar könnte hoch verschuldet sein und nächtliche lautstarke Ehekräche austragen. Die Familie könnte sich als sympathisch und freundlich entpuppen und sich gut ins Gemeinschaftsgefüge integrieren.

Statussymbole können täuschen

Statussymbole suggerieren Erfolg. Doch das kann ein schwerer Irrtum sein. Auch gewissenlose Betrüger nutzen ihre Prestigewirkung, um arglose Anleger zu täuschen. Und Angeber versuchen, damit zu protzen. Ein solcher Versuch kann allerdings auch schnell ins Lächerliche abrutschen:

> »Was hast du denn da auf dem Kopf?« Auf einem Straßenfest waren wir zufällig einem flüchtigen Bekannten begegnet, der ebenfalls mit seiner Frau unterwegs war. »Kennst du das nicht? Das ist ein Head-Set für mein Handy«, antwortete er etwas von oben herab. »Das brauche ich, damit mich meine Kunden jederzeit erreichen können.«
>
> Ob wir zusammen weiterschlendern wollten, fragte er. Eigentlich nicht, ich fand dieses Head-Set wirklich doof, und es war mir etwas peinlich, wie uns die Entgegenkommenden anstarrten. Dem Head-Set-Träger hingegen war das gar nicht unangenehm. Obwohl wir ihn kräftig damit aufzogen, behielt er das Ding stur auf, und stolzierte hoch erhobenen Hauptes durch die Menschenmenge in der Festmeile. Zwei Stunden waren wir unterwegs. Ach ja, natürlich kam in dieser Zeit nicht ein einziger Anruf.

Statussymbole heben das Image

Galten Handys vor wenigen Jahren noch als ein den Chefetagen vorbehaltenes Prestigeobjekt, sind sie inzwischen längst zur Massenware geworden. Fast jedes Kind hat eins. Nicht, weil das für Sechsjährige lebensnotwendig wäre, sondern einfach, weil die anderen auch eins haben.

Inzwischen gibt es andere Statussymbole. Zum Beispiel den Trend zu geraden Zähnen. Aus dem früher so verhassten Horrorobjekt, der Zahnspange, ist deshalb heutzutage ein Kultobjekt entstanden. Kids finden sie cool und zeigen stolz ihr Silberlächeln. Wer auf sich hält, achtet auf sein Gebiss. Oder haben Sie jemals einen Prominenten mit schiefen Zähnen gesehen?

Statussymbole begegnen uns alltäglich. Das protzige Goldkettchen am Hals. Die Rolex am Handgelenk. Die Designer-Handtasche über der Schulter. Der Laptop unter dem Arm. Die coole Sonnenbrille auf der Nase. Das Piercing am Bauchnabel. Die geilen Sportschuhe an den Füßen …

Wer in sein will, muss mithalten. Koste es, was es wolle. Man braucht das einfach. Nicht etwa, weil es lebensnotwendig wäre, sondern einfach, weil die anderen es auch haben. Weil es das Image hebt!

Statussymbole spielen also eine wichtige Rolle bei der Einschätzung anderer Menschen. Aber wir taxieren, schätzen, bewerten und beurteilen auch nach Gebrauchsgegenständen. Kommen Sie mal mit in ein Lokal:

> Sehen Sie die junge Familie da drüben am Fenster? Der Opa ist auch dabei. An der Fensterbank lehnt eine Krücke. Wem gehört die wohl?
>
> Die Dicke da hinten mit dem dünnen Mann. Gerade steuert der Kellner mit einer Schwarzwälder Kirschtorte auf die beiden zu. Kein Wunder, dass die so dick ist.
>
> Und der junge Mann da drüben. Gucken Sie mal, wie der das Besteck hält und das Essen reinschaufelt. Wohl eine schlechte Kinderstube gehabt?
>
> Doch jetzt bricht die Familie auf. Opa erhebt sich schwungvoll, der junge Vater hievt sein Gipsbein unter dem Tisch hervor und greift nach der Krücke. Der Kellner stellt die Torte vor den Mann und ein Glas Mineralwasser

vor die Dicke. Nun ja, so kann man sich täuschen, nicht wahr? Ist aber auch weiter nicht schlimm.

Anders verhält es sich bei dem jungen Mann. Wer so unappetitlich isst, sammelt erhebliche Minuspunkte. Bei Geschäftsessen blamiert man sich. Im Privatleben auch, denn bei einem solchen Anblick vergehen vielen Frauen zuerst der Appetit und dann die Leidenschaft.

Die Leidenschaft kann aber auch blitzschnell erkalten, wenn man ein Objekt zur falschen Zeit entdeckt:

Was für eine sympathische Frau. Es war unser erstes Date, ich hatte auf ihre Kontaktanzeige geschrieben. Ob sie mich auch mochte? Jedenfalls flirtete sie heftig mit mir.

Als sie ihre Jacke anzog, nahm ich meinen ganzen Mut zusammen, um sie um ein Wiedersehen zu bitten. Im selben Moment fiel eine kleine Schachtel aus ihrer Jacke. Ich bückte mich, um sie aufzuheben, und da sah ich: Es waren Präservative. Mir blieben die Worte im Halse stecken. Warum hatte sie die Dinger dabei? Rechnete sie mit einem One-Night-Stand? Machte sie das öfter?

Hastig gab ich ihr die Schachtel zurück und stotterte irgendwas wie »Ähm ... Also dann ... Man sieht sich«, obwohl es unwahrscheinlich ist, dass wir uns per Zufall wieder über den Weg laufen. Sie wohnt in einer anderen Stadt.

Sie hat auch nichts gesagt, sondern einfach die Dinger eingesteckt und mich stehen lassen. Seitdem haben wir uns nicht wieder gesehen ...

Zusammenfassung

- Verlängerte Körpersprache:
  - Aussehen und Outfit beeinflussen die erste Einschätzung.
  - Gerüche und Düfte beeinflussen Sympathie und Partnerwahl.
  - Geräusche wecken Emotionen.
  - Farben und Beleuchtung verändern die Stimmung.
  - Räume und Objekte beeinflussen das Verhalten.

KAPITEL 4

In der Praxis

In den vorangegangenen Kapiteln haben Sie sich nun einen Einblick in die spannende Welt der nonverbalen Signale verschafft. In den folgenden Kapiteln holen Sie sich zahlreiche Impulse, wie Sie diese Erkenntnisse in die Alltagspraxis umsetzen und somit eine bessere Kommunikation erreichen können – sowohl im Job als auch in der Liebe.

Die Körpersprache beim Flirt

Am Anfang steht der Initial-Look

Schade, wenn ein romantischer Flirt so unromantisch endet wie in der Geschichte mit den Kondomen. Schließlich ist es gar nicht so einfach, einen Flirt in die Gänge zu bringen. Vielleicht hätte ja ein ehrliches Telefonat am nächsten Tag die Situation gerettet? So stehen nun beide wieder am Anfang, belastet mit einem weiteren Stückchen Frust und Unsicherheit, und warten, bis sich die nächste Flirtchance ergibt.

Wer beginnt eigentlich den Flirt? Diese Frage stelle ich immer wieder in meinen Körpersprache-Workshops. Die Meinungen sind geteilt. »Die Männer natürlich«, sagen die Männer. Und die Frauen lächeln: »Wir machen das.«

Die Frauen haben Recht! In der Tat geht der so genannte Initial-Look im Allgemeinen von der Frau aus. Dabei muss dieser Blick nicht unbedingt direkt und zielgerichtet sein. Es ist durchaus möglich, dass sie gedankenverloren einen Punkt an der Wand anguckt, genau hinter oder über ihm. Guckt er zurück, schaut sie schnell woanders hin.

Frauen haben bessere Chancen

Nun ist er am Zug, nun soll er reagieren. Das ist schwieriger und riskanter als der Initial-Look, denn die Frau geht ja kein Risiko ein. Was soll schon passieren? Wenn der Versuch scheitert, bekommt das kaum jemand mit. Und nur wenige Männer, die von einer Frau angelächelt werden, reagieren deutlich negativ, also mit Abwenden oder Umdrehen.

Das heißt aber noch lange nicht, dass sich alle anderen voller Begeisterung auf die Frau stürzen, die die Initiative ergriffen hat. Die meisten brauchen mehr Zeit zur Entscheidung und zeigen erst einmal gar keine Reaktion. Das ist auch verständlich, denn schließlich muss der Angelächelte erst mal die Erscheinung der Frau, die Rahmenbedingungen und das Risiko abschätzen. Was passiert, wenn er auf sie zugeht? Hat sie wirklich ihn angeschaut? Oder hat er sich getäuscht? Macht er sich lächerlich? Lässt sie ihn stehen?

Selbst wenn die Abschätzung positiv ausfällt, muss er sich ja auch noch das weitere Vorgehen überlegen. Zurücklächeln? Vielleicht hingehen? Oder gar beim Kellner ein Getränk für die Dame bestellen ...?

Gar nicht so einfach, nicht wahr? Es ist also kein Wunder, wenn die begeisterten Reaktionen ausbleiben und seine Körpersprache im ersten Moment eher abweisend erscheint. Geben Sie ihm noch ein, zwei Chancen. Wenn er sich Ihnen dann nicht zuwendet oder erkennbar ins Grübeln kommt, beschäftigen Sie sich lieber anderweitig. Sonst könnte es für Sie doch noch peinlich werden.

Für Frauen:

Belassen Sie es nicht nur beim Initial-Look, sondern gehen Sie auf ihn zu und beginnen Sie selbst ein Gespräch. Die Wahrscheinlichkeit, dass ein Mann freundlich antwortet, wenn eine Frau ihn anspricht, ist größer als umgekehrt.

Das gilt auch im Tanzlokal: Drehen Sie den Spieß doch einmal um und fordern Sie passende Männer auf. Sie werden weitaus weniger Körbe einsammeln als umgekehrt.

Und wenn es doch einmal passiert? Dann sehen Sie mal, wie es Männern oft geht, und verstehen, warum die oft lieber an der Theke stehen, statt auf Frauen zuzugehen.

Für Männer:

Sie können den Initial-Look provozieren – auch wenn die Frau nicht direkt in Ihre Richtung schaut. Frauen haben nämlich ein sehr weites peripheres Gesichtsfeld. Sie bekommen nicht nur mit, was sich direkt vor ihren Augen abspielt, sondern registrieren auch Bewegungen aus den Augenwinkeln.

Wenn Sie zum Beispiel am Bahnsteig warten und die Aufmerksamkeit einer Frau erregen wollen, dann stellen Sie sich nicht einfach direkt vor sie hin und starren sie auffordernd an. Halten Sie einen großen Sicherheitsabstand! Postieren Sie sich zwei, drei Meter weiter weg. Keine Sorge, die Frau wird Sie spätestens in dem Moment bemerken, in dem Sie sich bewegen. Beispielsweise können Sie Ihre Jacke öffnen, sich mit der Hand ordnend durch die Haare fahren, Ihren Koffer abstellen, eine Zeitung aus der Tasche kramen, zum Auskunftsplan gehen, oder ein paar Meter auf dem Bahnsteig entlangschlendern und dabei an ihr vorbeigehen. Aber bitte nicht nervös herumhampeln! Frauen schätzen an Männern ruhige Bewegungen, die verleihen ihnen ein sicheres Auftreten.

Wenn Sie sich also bewegen, werden Sie garantiert ihre Blicke auf sich ziehen. Denn so ziemlich jeder Mensch, der wartend irgendwo herumsteht, wird allem nachschauen, was sich bewegt. Wenn Sie sich dann plötzlich unvermutet umdrehen und ihr mit einem breiten Lächeln direkt in die Augen schauen, werden Sie in den meisten Fällen auch ein amüsiertes Lächeln ernten.

Ein ähnliches Verfahren funktioniert übrigens auch wunderbar in Fußgängerzonen. Ob Mann oder Frau: Schauen Sie Entgegenkommenden mit einem kleinen Lächeln direkt ins Gesicht. Sie sehen deutlich das Fragezeichen über deren Kopf: Wer ist das denn? Kenne ich die oder den? Und dann drehen Sie sich nach wenigen Metern um, und schauen Sie zurück. Sie werden sehen, der oder die Angelächelte tut das auch, und schon ist der Blickkontakt hergestellt …

Nun müssten Sie bloß noch den Mut aufbringen, ein paar Schritte zurück bzw. auf diesen Menschen zuzugehen, den »Augen-Blick« zu nutzen und irgendetwas zu sagen.

Den Mut haben Sie nicht? Ihnen fällt auch nichts ein, was Sie sagen könnten? Und Sie befürchten, dass Sie stottern? Macht nichts, das liegt am Adrenalinstoß im Körper, der beim Flirt auf Großangriff rüstet und alle Energie verbraucht. Da bleibt für das Sprachzentrum nun mal wenig übrig.

Und trösten Sie sich, das passiert anderen Leuten auch. Versuchen Sie es einfach. Drehen Sie sich um, gehen Sie auf diesen Menschen zu, und sagen Sie irgendwas Belangloses, das zur Situation passt. Aber bloß keinen auswendig gelernten Flirtspruch anbringen, das wirkt nur verkrampft und lächerlich.

Betrachten Sie es als eine kleine Smalltalk-Übung, als eine Art kostenloses Selbstsicherheitstraining. Was kann denn schon passieren? Der oder die andere ist Ihnen doch fremd, man sieht sich nicht mehr. Und die Passanten kennen Sie ja auch nicht. Wenige Sekunden später wäre der Vorfall also bereits vergessen, wenn Sie eine kühle Antwort bekämen.

Aber Frechheit siegt: Es könnte ja durchaus auch sein, dass Sie eine nette Antwort bekommen und womöglich kurze Zeit später zusammen im Straßencafé sitzen …

Allerdings wird das im Alltag nicht allzu oft vorkommen. Zu viele Faktoren spielen da noch mit. Es müssen sich erst einmal zwei Menschen begegnen, die sich äußerlich sympathisch sind. Dann muss einer den Mut haben, den anderen anzusprechen. Und beide müssen zur gleichen Zeit die Zeit haben, um sich ins Straßencafé zu setzen. Daran wird es oft scheitern, weil die meisten Menschen ja nicht planlos durch die Gegend schlendern, sondern ein festes Ziel vor Augen haben. Zumindest im Alltag. Im Urlaub ist das anders, da sind die Menschen allgemein zugänglicher und lockerer. Man ist an einem fremden Ort, befindet sich in Urlaubs- und Abenteuerlaune. In einer solchen Situation lassen sich viel leichter Kontakte knüpfen.

Sie müssen aber nicht unbedingt bis zum nächsten Urlaub warten. Machen Sie es doch so wie dieser junge Mann.

> »Ich bin ab und zu mal sonntags in die nächste Großstadt gefahren«, grinste er. »In die Fußgängerzone. Da habe ich mir fest vorgenommen, Frauen anzusprechen. Hier kannte mich ja niemand. Es hat zwar eine Weile gedauert, aber auf die Art und Weise habe ich meine Freundin kennen gelernt.«

Lockende Flirtsignale und autoerotische Berührungen

Wenn Männer und Frauen sich begegnen, läuft im Hinterkopf der Rastercheck ab: sympathisch oder nicht? Möglicher sexueller Partner oder nicht?

Das Ergebnis dieses Abschätzungsprozesses zeigt sich in der

Körpersprache. Wer nicht interessiert ist oder sich im Moment durch soziale Bande – beispielsweise durch die anwesende Freundin – am Flirt gehindert fühlt, vermeidet Blickkontakt, dreht sich zur Seite oder zeigt gar den Rücken.

Wer interessiert ist, der zeigt das auch. Frauen übrigens deutlicher als Männer, denn Frauen haben ein breites Repertoire an Flirtgesten zur Verfügung.

Das wichtigste Flirtsignal sind natürlich die »Augen-Blicke«, das Spiel mit dem Hin- und Wegschauen, mit leicht geneigtem Kopf und einem lasziven Lächeln um den Lipglossglänzenden Schmollmund.

Aber auch autoerotische Berührungen von Frauen machen Männer heiß. Frauen berühren sich nämlich bei einem Flirt oft unbewusst selbst, weil die Haut bei diesem prickelnden Spiel sehr sensitiv wird. Das weckt einen verstärkten Wunsch nach Berührung, aber den kann der Partner im Moment ja noch nicht erfüllen. Also übernimmt die Frau das unbewusst selbst.

> Durch eine Anzeige hatte ich einen Mann kennen gelernt. Nun saßen wir da. Ich fand ihn faszinierend und hörte ihm gebannt zu, wie er von einem Urlaub erzählte. Plötzlich wechselte er das Thema, sah mir lächelnd erst in die Augen und dann auf die Hände und sagte sehr leise und sehr zärtlich: »Manchmal wünscht man sich, ein Seidenschal zu sein ...« Ich wurde knallrot, weil mir in dem Moment auffiel, wie selbstvergessen ich die ganze Zeit mit meinem Schal gespielt und mich sozusagen selbst damit gestreichelt hatte.

Es muss nicht unbedingt ein Seidentuch sein. Wie mir verschiedene Männer glaubhaft berichtet haben, kann es sehr erotisch wirken, wenn eine Frau gedankenverloren ein Feuerzeug streichelt – oder ein Sektglas oder ein Weinglas mit Stiel. Es sei auch interessant zu beobachten und könne Männer sehr unruhig machen, so hörte ich aus zuverlässigen Quellen, wenn sie ihr Top zurechtzupft und rutschende Träger bannt, wenn sie ein Schmollmündchen zieht, langsam eine Banane isst, nachdenklich den Brillenbügel in den Mund nimmt oder genüsslich ein Eis schleckt ...

Haare – ein wichtiges sexuelles Signal

Zu den Flirtsignalen gehört auch das *Bürsten*. Frauen wissen genau, wie beliebt lange Haare bei Männern sind. Deshalb spielen sie gerne und ausgiebig mit ihren Haaren, werfen sie nach hinten, streichen sie aus der Stirn, wickeln Strähnen um den Finger und zupfen gleichzeitig an der Kleidung, damit alles sitzt. Hinter dem Bürsten steckt der Wunsch, aufzufallen und möglichst gut auszusehen. Gepflegtes Haar ist nicht nur wichtig als Blikkfang, auch der Duft wirkt als wichtiges sexuelles Signal.

Auch Männer haben ihr Flirtrepertoire, um auf sich aufmerksam zu machen. Sie plustern sich gerne auf, nehmen viel Raum ein und machen sich so groß wie möglich. Sie zeigen ihre Coolness und Überlegenheit gern durch eine breitbeinige, legere Sitzhaltung oder durch raumgreifende Gesten, einen aufrechten Gang und einen hoch erhobenen Kopf.

Frauen machen das genau umgekehrt: Im Sitzen schlagen sie meist sittsam die Beine übereinander, vor allem, wenn sie einen Rock tragen, denn dann ist eine breitbeinige Haltung nicht sehr damenhaft. Sie verschränken die Arme am Körper und machen sich auf diese Art »schlank«. Den Kopf halten sie gerne etwas schräg. Das wirkt nachgiebig und weckt den Beschützerinstinkt. Wenn sie stehen, balancieren sie gern auf einem Bein – auch das vermittelt eine gewisse Unsicherheit und erweckt den Wunsch, dieses zarte Wesen beschützen zu wollen.

Ein weiteres wichtiges Flirtsignal können zufällige, flüchtige Berührungen sein. Frauen sind Meister darin! Wenn Sie beim Flirt von einer neuen Bekanntschaft kurz am Arm oder der Schulter berührt werden, ist das ein gutes Zeichen.

Aber Vorsicht: Als Mann tun Sie gut daran, erst einmal Zurückhaltung zu üben und sich vorsichtig anzunähern. Fingerspitzengefühl ist gefragter als eine Klammerumarmung. Das gilt übrigens auch für das Tanzen. Viele Männer drücken die soeben aufgeforderte Fremde so eng an sich, als hätten sie Angst, dass die gerade abgeschleppte Beute sonst entflieht. Als Frau könnte man manchmal beinahe Platzangst bekommen bei diesem Klammergriff, der keine Bewegungsfreiheit lässt und oft als aufdringlich empfunden wird. Vor allem dann, wenn es im Raum warm ist – der enge Kontakt mit einem nass geschwitzten Männerhemd ist für die meisten Frauen nicht besonders prickelnd.

Grenzüberschreitungen bringen Minuspunkte

Minuspunkte sammeln Sie bei einer Frau immer dann, wenn Sie ihr zu schnell zu nahe kommen und sie sich körperlich bedrängt fühlt. Das kann zum Beispiel beim Tanzen passieren, im Aufzug, in der Schlange an der Kinokasse oder auch beim Blind Date im Lokal. Hier sitzt man gemeinsam an einem Tisch, teilt sich also sozusagen das Revier miteinander – und das kann zu großen körpersprachlichen Konflikten führen. Denn – und daran sollten Sie denken – in der Mitte des Tisches verläuft quasi eine unsichtbare Trennlinie.

Wenn Sie also unbekümmert Ihren Schlüssel auf den Tisch knallen und den Geldbeutel dazu, wenn Sie mit Ihrem Glas, Ihrer Bierflasche und dem Aschenbecher rücksichtslos drei Viertel vom Tisch belagern, dann verscherzen Sie sich schnell alle Sympathien. Wenn Sie dann noch nach der Speisekarte schnappen, obwohl sie gerade danach greift, wenn Sie ihr ein Buch aus der Hand nehmen, in dem sie gerade blättert oder es womöglich wie eine Schutzbarriere zwischen Ihnen beiden aufbauen will, dann wird die Minusliste immer länger.

Noch schlimmer als diese Grenzüberschreitungen am Tisch sind zu frühe und zu nahe Berührungen, vor allem auf nackter Haut.

Ich lernte ihn beim Schwimmen kennen. Als ich aus dem Wasser ging, folgte er mir auf die Sonnenwiese. Das Gespräch plätscherte fröhlich vor sich hin, wenigstens in der ersten Viertelstunde. Doch dann rückte er mir regelrecht auf die Pelle. Berührte meine nackte Schulter, während er redete. Griff sozusagen mitten in meine Intimsphäre hinein. Nun, er gestikulierte viel beim Reden, da kann so eine unbedachte Berührung ja durchaus mal vorkommen. Also rutschte ich zur Seite, um Platz zu machen. Aber er rutschte einfach hinterher. Ich kam mir regelrecht verfolgt vor. Er streifte mit seiner Hand meinen nackten Oberschenkel und ließ sie »versehentlich« da liegen. Im Badeanzug war mir das sehr unangenehm, ich fühlte mich richtig nackt. Angezogen, mit einer Jeans oder so, hätte ich diese Geste sicherlich ganz anders toleriert.

Ich zeigte ihm mein Unbehagen – jedenfalls für meine Begriffe deutlich –, indem ich nachdrücklich seine Hand wegnahm. Das störte ihn nicht, er ging sofort wieder zum Angriff über und platzierte seine Hand an derselben Stelle. Für mich war damit die Entscheidung gefallen … und nach wenigen Minuten hab ich mich unter einem Vorwand verabschiedet.

Umgekehrt kann eine leise Berührung äußerst positive Gefühle auslösen:

Ich stand an einem Regal in der Unibibliothek, als ich aus den Augenwinkeln die hübsche blonde Medizinstudentin hereinkommen sah, die ich seit langem aus der Ferne vergötterte. Ich begegnete ihr öfter mal in der Mensa, immer war sie umringt von mehreren Männern. Ich wusste inzwischen auch, wie sie hieß, aber ich hätte mich nie getraut, sie anzusprechen.

Doch heute war sie allein. Langsam kam sie auf mich

zu, schlug die Augen nieder und ging an mir vorbei. Dabei strich sie mir mit der Hand ganz leicht, wie mit einer Feder, über meinen rechten Unterarm. Mir standen regelrecht die Haare zu Berge, und obwohl es im Saal wirklich heiß war, liefen mir kalte Schauer über den Rücken. Das Ganze hatte nur eine Sekunde gedauert, kein Mensch sonst hatte es bemerkt. Ich war völlig verwirrt und starrte ihr nach. Sie drehte sich um, lächelte und sagte leise: »Wenn du mich nicht ansprichst, muss ich es halt tun.«

Schritt für Schritt zum Kontakt …

Bitte sprechen Sie nie jemanden von hinten an, denn damit lösen Sie erst einmal Erschrecken aus – ein ungünstiger Anfang für einen Flirt. Besser ist in solch einem Fall, zwei, drei Schritte nach vorne zu gehen und erst einmal Augenkontakt zu suchen, bevor Sie etwas sagen.

Zu Erschrecken und unfreundlichen Reaktionen führt es auch, wenn Sie am falschen Ort und zur falschen Zeit eine Frau ansprechen, zum Beispiel nachts auf einem dunklen Bahnhof, in einer menschenleeren Seitenstraße oder auf einem unübersichtlichen Parkplatz. Warten Sie lieber ab, bis Sie auf Vertrauen erweckendem, hell erleuchtetem Terrain sind, und halten Sie dabei eine große Distanz ein.

Unfreundliche Reaktionen können Sie auch ernten, wenn der Kontakt zu Ihnen zwar erwünscht ist, Sie aber zum falschen Zeitpunkt mitten in ein intimes Gespräch hineinplatzen.

Ich saß mit meiner Freundin zusammen in unserer Stammkneipe. Sie hatte Ärger mit ihrem Freund und war ganz schön geladen. Plötzlich stand ein Mann vor uns und fragte, ob er sich zu uns setzen dürfe. Ich hatte ihn schon öfter hier gesehen und fand ihn sehr sympathisch. Aber ausgerechnet jetzt passte das gar nicht. Bevor ich irgendwas sagen konnte, fauchte meine Freundin ihn an, er solle uns gefälligst in Ruhe lassen. Der Typ zog mit hängenden Schultern ab. Ich wusste nicht, was ich machen sollte. Ich konnte ihm doch schlecht hinterherlaufen. Von da ab hab ich ihn auch nie mehr in der Kneipe gesehen. Wirklich schade!

Wirklich schade, in der Tat! Die Abfuhr wäre vermeidbar gewesen, wenn der junge Mann die Körpersprachsignale der beiden beachtet hätte. Es ist nämlich auch für ein ungeschultes Auge von weitem an der Körperhaltung deutlich zu erkennen, ob zwei oder mehr Freundinnen in ein tief schürfendes Gespräch versunken sind und keine weitere Person hineinlassen wollen oder ob sie einfach nur so plaudern und offen sind für neue Kontakte.

Doch auch dann ist Vorsicht geboten. Selbst, wenn erkennbar keine tief schürfenden Gespräche geführt werden, müssen Sie die einzelnen Schritte der Körpersprache beachten:

1. Blickkontakt suchen. 2. Lächeln. 3. Reaktion abwarten.

Dabei die Distanz wahren, den Abstand langsam verringern – lieber weit entfernt stehen bleiben als zu nahe auf die Pelle rücken – und die Haltung der Gruppe beobachten.

Schließen sich die Frauen enger zusammen? Drehen sie Ihnen den Rücken zu? Dann bilden sie eine symbolische Mauer gegen Sie. Das bedeutet, die Freundinnen wollen jetzt nicht gestört werden. Versuchen Sie in einem solchen Fall bitte nicht, mit Gewalt einzudringen. Wenn Sie sich jetzt dazwischendrängen, womöglich noch einer auf die Schulter klopfen, dann haben Sie schon haushoch verloren.

Dreht man sich allerdings Ihnen zu und öffnet den Kreis, dürfen Sie gern näher treten. Aber bitte reißen Sie jetzt nicht das Wort an sich! Sie sammeln ganz bestimmt keine Pluspunkte, wenn Sie einfach dazwischenreden, Fragen beantworten, die gar nicht an Sie gerichtet sind, und pausenlos reden. Höchstwahrscheinlich würde es in einem solchen Fall nicht lange dauern, bis die beiden Frauen die Augen verdrehen, nach der Handtasche greifen, den Ober rufen oder gemeinsam zur Toilette wandern, um dort ungestört das weitere Vorgehen zu besprechen.

Die Gruppe hemmt beim Flirt

Sie sehen, für einen Mann ist es gar nicht so leicht, in ein Gespräch zwischen zwei Frauen einzudringen. Und je mehr Frauen da an einem Tisch sitzen, umso schwieriger wird es. Muss doch die Frau jetzt – in Sekundenschnelle – nicht nur für sich selbst entscheiden, ob sie ihn sympathisch findet, sie wird auch durch die Reaktionen der anderen beeinflusst. Macht eine in der Runde eine spöttische oder abfällige Bemerkung über sein Gesicht oder die Haare, über seinen Gang oder seine Klamotten, während er auf den Tisch zusteuert, dann sinken die Chancen für ihn.

Spricht er eine in der Gruppe an – zum Beispiel im Tanzlokal –, und die anderen vermitteln durch ihre Mimik, dass seine Anwesenheit unerwünscht ist, dann steigt die Wahrscheinlichkeit, dass er einen Korb bekommt. Ganz schlecht ist es natürlich, wenn er sich in diesem Fall an die Nächste in der Runde wendet. Selbst wenn die ihn attraktiv findet und den Wunsch nach näherer Bekanntschaft verspürt, wird sie doch meist – als zweite Wahl – unter dem Gruppendruck ablehnend reagieren.

Für ein Nein gibt es viele Gründe

Eine große Rolle spielt natürlich auch der Status der Angesprochenen. Ist sie ungebunden oder in einer festen Beziehung? Das sieht man ihr ja nicht an, ist aber für ihre Entscheidung enorm wichtig. Eine Singlefrau wird nicht gehemmt durch moralische Bedenken, eine gebundene schon. Sie muss ja erst mal abwägen. »Was denken die anderen? Was werden sie reden? Erfährt mein Partner, was ich tue? Was hält er davon?«

Ist sie ein selbstsicherer Mensch und lebt in einer vertrauensvollen Beziehung, kann sie nach eigenem Willen entscheiden. Ist ihr Partner aber eifersüchtig und das Risiko groß, dass die anderen ihm von ihren »Eskapaden« erzählen, dann werden Sie wahrscheinlich eine Ablehnung ernten, unabhängig davon, wie sympathisch Sie und Ihr Auftreten der Fremden erscheinen.

Möglich ist ein Nein auch dann, wenn es sich um zwei Freundinnen handelt. Im Allgemeinen sind sie nämlich mit einem Auto unterwegs und damit – wenn es keine gute Verkehrsanbindung gibt – voneinander abhängig. In dieser Situation greifen die moralischen Gründe gleich doppelt. Die Angesprochene muss sich überlegen: »Kann ich meine Freundin alleine hier sitzen lassen? Wie wird sie reagieren, wenn ich auf der Tanzfläche oder an der Bar meinen Spaß habe?«

Wenn die allein gelassene Freundin sich selbst vergnügt, ist die Welt in Ordnung. Irgendwann trifft man sich wieder und hat viel zu lachen und zu reden.

Aber was ist, wenn sie keinen Anschluss findet? Wenn sie mit einem Gesicht wie drei Tage Regenwetter am Tisch hockt? Wenn sie den Autoschlüssel aus der Tasche zieht? Die Uhr studiert? Sich vorwurfsvoll die Schläfen massiert, weil sie plötzlich starke Kopfschmerzen verspürt …?

Je enger die Freundschaft ist, umso größer ist auch der moralische Druck, der von solchen Körpersprachsignalen ausgeht: »Du sollst dich wieder um mich kümmern!«, sagen sie. »Ein fremder Mann ist dir wichtiger?«, fragen sie. »Na warte, wenn du das nächste Mal mit mir weggehen willst, hab ich auch keine Zeit für dich!«, drohen sie.

Noch schwieriger wird die Situation, wenn der attraktive Fremde der allein gelassenen Freundin ebenfalls gut gefällt. Spannend, was dann geschieht, wenn er mit der anderen loszieht. Fällt ihr ein, dass sie jetzt ganz dringend nach Hause fahren muss? Weil sie noch Unterlagen durchsehen muss, weil sie müde ist, weil sie morgen früh aufstehen muss ...?

Die Auserkorene – wenn sie Beifahrerin ist – hat nun die Wahl: Soll sie mitfahren, sich ärgern, vielleicht eine tolle Chance verpassen? Oder soll sie bleiben und sich von ihm nach Hause fahren lassen? Das ist erstens ein Risiko: Man weiß ja nicht, als was sich so ein Fremder entpuppt. Zweitens birgt das moralischen Zündstoff in sich: Was denkt die Freundin? Und drittens könnte es zu einem heftigen Krach zwischen den beiden führen.

Ist die Angesprochene selbst die Fahrerin, kann sie eher bestimmen, wie lange man bleibt. Aber auch dann, wenn sie noch eine Stunde herausschindet, wird sie die Zeit wahrscheinlich nicht aus vollem Herzen genießen können.

Möglich wäre aber auch, dass die Alleingelassene in die Offensive geht und ihrerseits versucht, die neu angebahnte Zweierbeziehung zu stören und mit dem attraktiven Fremden zu flirten. Es ist klar – auch in diesem Fall können ungeahnt große Konflikte aufbrechen. Besser wäre es also, alleine auszugehen.

Suchen Sie sich Verbündete

Das fällt allerdings vielen Frauen schwer. Aber es gibt ja auch noch andere Möglichkeiten.

> Ich war mit meiner Freundin zu einer Singleparty verabredet. Ich freute mich sehr darauf, hatte mir neue Klamotten gekauft und war schon sehr gespannt auf den Abend.
>
> Zwei Stunden vorher rief meine Bekannte an. Sie hätte heute keine Lust, wegzugehen. Ich ärgerte mich maßlos. Was tun? Zu Hause bleiben wollte ich nicht, aber alleine hingehen? Das traute ich mich nicht.
>
> Lange kämpfte ich mit mir. Dann fuhr ich doch hin, mit

dem festen Vorsatz, so schnell wie möglich die nächstbeste sympathische Frau anzusprechen, damit ich nicht alleine herumstehen würde.

Ich hatte Glück, an der Kasse stand eine Blonde in meinem Alter. »Wollen wir zusammen reingehen?«, fragte ich sie. »Alleine komme ich mir so blöd vor.« Die Blonde lachte. »Das wäre schön! Mir geht es genauso.«

Und so saßen wir an der Theke und unterhielten uns glänzend, als sie plötzlich zum Eingang hinüberwinkte. Dort stand ein attraktiver, schwarzhaariger Mann. »Schau an, der Herr Kollege!«, grinste meine neue Bekanntschaft. »Wir sind Ärzte im selben Krankenhaus. Wer hätte gedacht, dass er zu einer Singleparty geht?«

Der Mann setzte sich zu uns. Es wurde ein sehr interessanter Abend. Die Blonde hatte sich schon längst verabschiedet, als wir beide noch dabei waren, jede Menge Gemeinsamkeiten zu entdecken.

Ein Jahr später zogen wir zusammen. Ich bin heute noch dankbar dafür, dass meine damalige Freundin abgesagt hatte. Denn wären wir zu zweit hingegangen, hätte ich diesen Mann wahrscheinlich nicht kennen gelernt. Er kann nämlich nicht tanzen und hätte mich also auch nicht aufgefordert. Und zwei fremde Frauen hätte er sowieso nicht angesprochen. Er ist zwar ein selbstbewusster Mensch, aber das liegt ihm nicht.

Diese Frau hat Glück gehabt. Sie war zum richtigen Zeitpunkt am richtigen Platz. Sie hat aber auch den Mut gehabt, sich eine Verbündete zu suchen.

Wer sich allerdings nicht auf sein Glück verlassen will und auch keine Lust hat, mühsam über Kontaktanzeigen zu suchen, hat bessere Möglichkeiten. Nämlich über einen Freizeittreff. Eine solche Initiative eignet sich wunderbar für aktive Menschen, die sich mit möglichst wenig Aufwand möglichst schnell einen neuen Bekanntenkreis suchen wollen. Denn bei gemeinsamen Unternehmungen bleibt man in Bewegung. Man geht im wahrsten Sinn des Wortes aufeinander zu und kommt miteinander in Berührung, kann sich unverbindlich kennen lernen und auch mal in Stresssituationen erleben.

»Es verbindet«, lachte ein junger Mann, seine Freundin im Arm. »Es verbindet ungemein, wenn man in einem Boot sitzt und zusammen ins Wasser fällt. Erstens kommt man sich dabei sehr nahe, und zweitens kann man auch gleich sehen, wie der andere sich in Stresssituationen verhält.«

»Unsere Liebe hat mit geklauten Skiern angefangen«, erzählte eine Frau. »Ich hatte ein Ski-Wochenende mit einer Freizeitclique gebucht und dabei einen interessanten Mann kennen gelernt. Er war allerdings äußerlich überhaupt nicht mein Typ, aber als wir abends zusammensaßen und über alles Mögliche diskutierten, entdeckten wir immer mehr Gemeinsamkeiten. Der Abend verging wie im Flug, die anderen waren schon längst im Bett, als auch wir endlich die Hütte verließen. Schock! Seine Skier waren weg! Mann, was hätte mein früherer Freund in dieser Situation für einen Aufstand gemacht! Sicher hätte er mir irgendwie die Schuld für die Misere in die Schuhe geschoben, so nach dem Motto: Wären wir früher gegangen, wäre das nicht passiert.

Stefan aber verhielt sich ganz anders. Er blieb völlig ruhig. Kein Fluchen, kein Schimpfen, keine Schuldzuweisungen. Er zündete sich einfach eine Zigarette an, betrachtete ruhig die Lage, und überlegte sachlich, was zu tun sei. Diese Ruhe hat mich unwiderstehlich fasziniert – ich hab mich in ihn verliebt, weil ich dachte, mit *diesem* Mann kannst du auch die Alltagsstürme überstehen.«

In der Clique sind dieses unverbindliche Beobachten, Ausprobieren, Aneinander-herantasten viel besser möglich als bei einem Date zu zweit. In einer Clique trifft man sich immer wieder bei unterschiedlichen Unternehmungen. Da entwickeln sich Beziehungen, die nicht nur von Äußerlichkeiten bestimmt sind, und oft entdeckt man hinter einer eher unscheinbaren Fassade einen sehr anziehenden, charaktervollen Menschen, während sich so manch hübsches Gesicht im Laufe der Zeit als nervige Zicke oder egoistischer Macho entpuppt.

Hat es gefunkt? Die Körpersprache zeigt den Stand

Stellen Sie sich vor: Sie sind ein Mann, Sie haben eine sympathische Frau kennen gelernt, sitzen mit ihr in einem gemütlichen Bistro und sind in ein spannendes Gespräch verwickelt. Es wird spät und später. Ratio und Emotion liefern sich innerliche Gefechte, und Sie schlagen sich mit der drängenden Frage herum: »Hat sie auch Feuer gefangen? Soll ich sie um ein Wiedersehen bitten? Sie in den Arm nehmen? Zum Abschied küssen ...?«

Sie kennen die Antwort bereits: Die Körpersprache verrät, was sie denkt. Wenn sie nach außen kühl und zurückhaltend wirkt, kann es sein, dass sie fieberhaft nach einer Fluchtmöglichkeit sucht. Es kann aber genauso gut sein, dass sie eigentlich liebend gern in Ihre Arme sinken würde, aber dieselben Hemmungen hat wie Sie auch.

Also schauen Sie genauer hin: Werden ihre Augen immer kleiner? Wandert ihr Blick verstohlen auf die Uhr? Unterdrückt sie ein verstohlenes Gähnen? Knipst sie nervös im Sekundentakt mit einem Kuli oder ihrem Handtaschenverschluss? Wendet sie sich von Ihnen ab? Rutscht sie unruhig auf ihrem Stuhl hin und her oder sitzt sie schon fluchtbereit vorn auf der Kante? Klingt ihre Stimme leicht gereizt? Runzelt sie die Stirn? Betrachtet sie ausgiebig ihre Fingernägel? Schaut sie den vorübergehenden Passanten nach? Kramt sie den

Geldbeutel aus der Tasche und dreht sie sich nach dem Kellner um ...?

Oder schaut sie Sie vielleicht mit weit geöffneten Augen an? Hängt ihr Blick hingerissen an Ihren Lippen? Beugt sie sich mit dem Oberkörper immer weiter über den Tisch? Streicht sie sich durch die Haare? Wickelt sie eine Locke um den Finger? Neigt sie den Kopf zur Seite? Schlägt sie ihre Beine in Ihre Richtung übereinander? Kaut sie gedankenverloren am Bügel ihrer Brille? Zupft sie ihren Rock zurecht? Dreht sie gedankenverloren an ihrem Glas? Spielt sie mit der Zigarettenschachtel? Dem Feuerzeug ...?

Herzlichen Glückwunsch! Spätestens, wenn der Kellner langsam das Lokal abdunkelt, die Stühle hochstellt und am Nachbartisch immer wieder die Tischdecke gerade streicht, sollten Sie Ihre Chance ergreifen und ihr näher kommen.

Zusammenfassung

- Der Flirt beginnt mit dem Initial-Look.
- Durch Bewegung erreicht man Blickkontakt.
- Autoerotische Berührungen signalisieren Interesse.
- Interessengemeinschaft suchen: Bei gemeinsamen Unternehmungen findet man leichter Menschen mit derselben Wellenlänge.
- Blickkontakt, Lächeln, zugewandte Haltung, geringer Abstand, leichte Berührungen und Spiegeln der Bewegungen zeigen Interesse.
- Wegschauen, unbewegte Mimik, Verteidigen des eigenen Territoriums, abgewandte Haltung und Wahrung eines großen Abstands zeigen Desinteresse.

Körpersprache in der Partnerschaft

Fingerspitzengefühl brauchen Sie auch, wenn die erste Euphorie verklungen, der Alltag eingekehrt ist und die rosarote Brille langsam die Tönung verliert.

Liebe ist wie ein zartes Pflänzchen, das sorgfältig gepflegt werden will. Wer sie nicht im Auge behält, merkt erst zu spät, wenn sie verkümmert und verwelkt. Wie zum Beispiel der Mann im Song *»Was soll das?«* von Herbert Grönemeyer.

Nonverbale Signale verraten, was läuft

»Sein Pyjama liegt in meinem Bett …«

Herbert Grönemeyer versteht es meisterlich, lebensnahe Geschichten in eindringlichen Bildern zu erzählen. In seinem Song *»Was soll das?«* erleben wir hautnah mit, wie ein ahnungsloser Mann plötzlich vor den Trümmern seiner Liebe steht. Nonverbale Signale verraten ihm, was läuft.

Ahnungslos schließt er die Tür auf, geht ins Schlafzimmer, vielleicht fröhlich pfeifend und lustvoll gestimmt, auf der Suche nach der Geliebten. Doch dann sieht er auf den ersten Blick: Hier stimmt etwas nicht. *»Sein Pyjama liegt in meinem Bett. Sein Kamm in meiner Bürste steckt …«*

Vielleicht bleibt er verblüfft stehen, betrachtet verwundert den fremden Pyjama und die fremde Bürste, fragt sich selbst: *»Was soll das …?«*

Da sieht er ein weiteres alarmierendes Detail, das zu den bisherigen Beobachtungen passt: *»Seine Schuhe stehen in Reih' und Glied.«*

Spätestens jetzt ist ihm klar, was das bedeutet. Offensichtlich ist er ein intelligenter Mensch mit einer schnellen Auffassungsgabe und Sinn für Ironie: *»Ein Anblick, den man gerne sieht.«*

Seine Nase bestätigt den Verdacht: *»Sein Aftershave klebt in der Luft …«* Den Duft mag er wohl nicht. Ja, er stinkt ihm regelrecht!

Erst jetzt findet er Worte. Spricht die Frau an. Will wissen, was los ist. Will Klarheit. Vielleicht hat er die Zeichen ja falsch gedeutet? Vielleicht gibt es ja eine harmlose Erklärung?

Doch die Hoffnung trügt. *»Du sagst, er wohnt ab jetzt bei dir und zeigst nur stumm auf die Ausgangsstür.«* Ihre Worte und ihre Körpersprache sind kongruent und deutlich. Es wird ihm klar, dass seine Anwesenheit zu diesem Zeitpunkt nicht erwartet wurde und in Zukunft nicht mehr erwünscht ist.

»Was soll das …?« Die Frage ist natürlich rein rhetorisch, wir wissen genauso gut wie er, was ihre Handbewegung bedeutet: »Verschwinde aus meinem Leben. Und zwar sofort.«

Die Vermutung liegt nahe, dass sich das Drama in ihrer Wohnung abspielt. Sonst könnte sie ihn ja nicht einfach so ohne weiteres auffordern, zu gehen. Man kann auch annehmen, dass die beiden nicht verheiratet sind und keine Kinder haben. Sonst gäbe es ja vieles zu klären.

Auch, wenn anscheinend keine existenziellen Bindungen bestehen: So schnell gibt der Betrogene nicht auf. Vielleicht lässt sich die Liebe doch noch retten? Vielleicht kann er sie doch noch zurückgewinnen?

Doch da meldet sein Geruchssinn eine weitere Information: Es riecht nach Essen! *»Du kochst gerade sein Leibgericht.«*

Die Dramatik spitzt sich zu. Offensichtlich kennt er den Rivalen, sonst wüsste er ja nicht, was der gerne isst. In dieser Information, die seine Nase liefert, schwingt noch ein ganzes Bündel weiterer Erfahrungswerte mit, die wir zwar nicht kennen, aufgrund deren der Betrogene aber besser einschätzen kann, wie ernst die Sache ist: Kocht die Freundin gern und oft? Lädt sie öfter mal Gäste ein? Dann wäre es möglicherweise vielleicht doch eher ein harmloser Besuch …?

Oder gehört Kochen nicht zu ihren Lieblingsbeschäftigungen? Dann wäre es ein Liebesbeweis für den anderen und ein deutliches Zeichen für emotionale Verbundenheit, wenn sie sich die Mühe macht.

Wahrscheinlich kocht sie nicht sonderlich gern. Denn nun reagiert er aufgewühlt und zutiefst emotional. Das körpersprachliche Signalbündel trifft ihn wie ein Schlag mit voller Wucht und löst den heftigen Wunsch aus, zurückzuschlagen: *»Meine Faust will unbedingt in sein Gesicht und darf nicht.«*

Doch er beherrscht sich. Es scheint sich bei dem Betrogenen um einen zivilisierten Menschen zu handeln, der gewohnt ist, seine Probleme mit dem Verstand zu lösen und nicht mit den Fäusten. Aber vielleicht ist der Gegner bloß körperlich viel stärker …?

Er beobachtet weiter, sammelt weitere Puzzleteile, um die Situation einzuschätzen: *»Von Verlegenheit überhaupt keine Spur. Er ist eine wahre Frohnatur …«*

Verblüffung macht sich breit. Die Situation ist doch eindeutig – eigentlich sollte der Kerl ein schlechtes Gewissen haben, moralische Regungen zeigen. Wieso tut er das nicht? *»Womit hab ich das verdient, dass der mich so blöde angrient?«*

Die Verblüffung wandelt sich in Ärger. Der Betrogene wendet sich von dem Mann ab. Schaut vorwurfsvoll die Freundin an. *»Warum hast du mich nicht wenigstens gewarnt?«*

Er fühlt sich überrumpelt. Gibt der Freundin die Schuld für die Misere. *»Zu einer betrogenen Nacht hätt' ich vielleicht nichts gesagt, hätt' mich zwar schockiert, wahrscheinlich hätt' ich's noch kapiert, aber du hast ja gleich auf Liebe gemacht.«*

Der Ärger macht sich Luft. Noch immer schwingt aber auch die leise Hoffnung mit, die Beziehung retten zu können. Er sucht nach Schwächen beim Gegner und entdeckt einen Makel. *»Sein Kopf stützt sich aufs Doppelkinn. Seit wann zieht's dich zu Fetten hin?«*

Es ist also anzunehmen, dass der Betrogene schlank ist, sonst würde er nicht versuchen, den Gegner in den Augen der

Frau mit diesem Argument abzuwerten. Aber es verfehlt die erhoffte Wirkung, denn sie reagiert nicht.

Doch damit lässt er sich nicht abspeisen. Er will zumindest eine Antwort haben. *»Los, sag was! Wie man an einen solchen Schwamm sein Herz einfach verschleudern kann ... Los, sag was!«*

Er ist fassungslos. Offensichtlich ist auch sie schlank. Vielleicht legte sie bisher großen Wert auf Figur und Fitness ...?

»Ich lass dich viel zu oft allein, aber der muss es doch nun wirklich nicht sein. Was soll das?« Er nimmt den Gegner nicht ernst. Die Hoffnung wächst. Vielleicht ist das Spiel noch nicht verloren?

»Ihr glotzt mit euren Unschuldsmienen, wie zwei, die einander verdienen, spielt verliebt ...« Die Hoffnung erlöscht. Keine Spur von Reue bei ihr, im Gegenteil, sie berührt den anderen und demonstriert Zusammengehörigkeit. Vielleicht streichelt sie gerade das geschmähte Doppelkinn und zeigt damit, wie egal ihr das ist ...?

Resigniert stellt er fest: *»... doch ihr lacht zu laut.«* Der Klang des Lachens verrät zwar die Verlegenheit der beiden, aber auch ihre Entschlossenheit, zusammenzuhalten, den Eindringling auszugrenzen.

»Hat dich beim Wühlen in den Kissen denn nie dein Gewissen gebissen?« Ein letzter Versuch. Offensichtlich vergeblich. Sie scheint keine Miene zu verziehen. Der Vorwurf berührt sie nicht. Das Spiel ist aus. Abgepfiffen. Keine Verlängerung mehr möglich. Ihm bleibt nur noch die fassungslose Frage: *»Seit wann bist du so abgebrüht? Hast mich so schnell abgeliebt?«*

Den Mann, von dem Herbert Grönemeyer da erzählt, trifft der Schlag ganz plötzlich. Aus heiterem Himmel. Das geht unzähligen Männern so. *Er* denkt, es sei im Großen und Ganzen alles in Ordnung und verschließt Augen und Ohren vor den zahlreichen körpersprachlichen Signalen, mit denen *sie* ihren Frust und ihre emotionale Leere bewusst oder unbewusst ausdrückt. Bis es dann plötzlich knallt. So laut, dass er nicht mehr wegschauen und weghören kann. Dann ist zwar seine Bereitschaft da, auf sie zuzugehen, der Frau mit Achtung zu begegnen. Doch dann ist es zu spät.

Beziehungen verändern sich

Natürlich gibt es auch die umgekehrte Konstellation, dass Frauen ihren Partner nicht be*achten* und es ihnen somit nicht auffällt, wenn die Lust sich im Laufe der Zeit in Frust verwandelt. Denn Beziehungen sind nicht statisch, sie verändern sich im Laufe der Zeit.

Am Anfang steht *Euphorie*. Man schwebt auf Wolke 7, ist einander voll und ganz zugewandt, kann gar nicht genug vom andern kriegen, sitzt möglichst eng nebeneinander oder sich gegenüber, die Schenkel berühren sich, die Oberkörper sind nach vorn gebeugt. Man schaut sich tief verklärt in die Augen, hört aufmerksam jedem Wort zu, das der andere spricht, streichelt sich zwischendurch, lächelt einander strahlend an, plaudert und lacht, geht locker über kleine Unstimmigkeiten hinweg, macht sich Komplimente, flirtet mit verheißungsvoller Stimme, neckt sich mit Kosenamen und kleinen Ritualen, findet Gemeinsamkeiten und schmiedet Pläne. Greift er zum Glas, trinkt sie auch. Zündet sie sich eine Zigarette an, tut er das auch. Verliebte Paare neigen dazu, ihre Bewegungen zu spiegeln. In gemeinsamen Handlungen drückt sich Verbundenheit aus.

Die euphorische Phase ist übrigens sehr anstrengend. Das ist die Zeit, in der man Zucker und Salz verwechselt, versehentlich Geldscheine im Automaten liegen lässt, Termine durcheinander wirft und Projekte vermasselt …

Dann beginnt die *Realitäts-Erkennungs-Phase*. Langsam setzt das klare Denken wieder ein. Man erwacht aus einem wunderschönen Traum. Setzt immer öfter die rosarote Brille ab. Ergötzt sich nicht nur an den tiefgründigen Augen, dem knackigen Hintern oder dem schönen Busen des Wunderwesens, sondern registriert langsam so manche kleinen oder größeren Macken, vor denen man in der Euphoriephase die Augen verschlossen hat. Beginnt, sich über Dinge wie Unpünktlichkeit, schlechte Manieren, Schlampigkeit und mangelnde Aufmerksamkeit zu ärgern, und erkennt langsam die Grenzen des anderen.

Nun kommt es darauf an, wie die Partner auf diese Erkenntnis reagieren. Nehmen sie die kleinen Schwächen des Partners mit Humor? Behalten sie die Stärken im Auge? Bewältigen sie Krisensituationen gemeinsam Seite an Seite? Dann ist die Chance groß, dass sich die Euphorie der Anfangsphase in eine wunderschöne, vertrauensvolle, haltbare Partnerschaft verwandelt.

Versucht man allerdings, zu schlucken, die Missstände unter den Teppich zu kehren, oder versucht man, die Schuld für alle großen und kleinen Alltagsprobleme auf den Partner abzuwälzen, dann sind Frust und Resignation vorprogrammiert.

Lust oder Frust?

Was ist mit der anfänglichen Liebe geschehen? Ist ein Paar immer noch verliebt? Oder ist es inzwischen verärgert, frustriert, resigniert? Leben sie noch miteinander? Oder nebeneinander? Oder gar gegeneinander …?

Außen stehende Fremde erkennen oft viel deutlicher als die Betroffenen selbst, wie es um die Beziehung steht. Man braucht wieder einmal einfach nur die Körpersprache zu beobachten.

Kommen Sie doch mal gedanklich mit in ein Restaurant, zum »Paar-Watching«.

Sehen Sie die beiden Mittvierziger dort hinten an dem kleinen kuscheligen Tisch, ein bisschen versteckt hinter den Grünpflanzen? Sie sitzen sich gegenüber, er führt das Wort, redet, lacht und gestikuliert. Offensichtlich erklärt er ihr etwas. Sie legt den Kopf schief, schaut ihm fasziniert in die Augen, hängt förmlich an seinen Lippen, nickt ab und zu bestätigend. Er trinkt einen Schluck Wein, sie greift fast im selben Moment nach ihrem Glas, stellt es wieder ab und streichelt gedankenverloren tagträumend den Stiel. Sie zündet eine Zigarette an, er gibt ihr Feuer, umfasst dabei zärtlich ihre Hand. Sie streicht sich die Haare aus dem Gesicht, lacht glockenhell – man hört es bis hierher –, öffnet einen Knopf an ihrer Bluse und rückt noch näher an ihn heran. Er krempelt die Ärmel hoch, offensichtlich ist es ihm warm.

Und die beiden da drüben am Fenster? Auch dieser Mann redet und gestikuliert viel. Seine tiefe Stimme trägt weit, auch die Nachbartische können mithören. Die Frau, die ihm gegenübersitzt, scheint nicht sehr interessiert zu sein. Sie lehnt sich zurück, verschränkt die Arme, schaut auf die Uhr, unterdrückt ein leises Gähnen. Ihm fällt das nicht auf, weil er gerade intensiv der Bedienung in der knallengen Hüfthose nachschaut. Die Frau ihm gegenüber lächelt höflich und verkrampft, murmelt ab und zu ein paar Worte, trommelt leise mit den Fingerspitzen, wühlt nervös in ihrer Handtasche und rutscht unruhig auf dem Stuhl hin und her. Es fehlt ihr aber offensichtlich die Selbstsicherheit, in das einseitige Gespräch einzugreifen oder es gar zu beenden.

Das junge Pärchen am Nachbartisch ist schon eine Phase weiter auf der nach unten offenen Frustskala. Sie betrachtet affektiert ihre künstlichen perlmuttlackierten Fingernägel, zieht das bauchfreie Top zurecht, schmollt mit hängender Unterlippe, streckt den Push-up-unterstützten Busen vor, dreht den Kopf abrupt zur Seite, als er ihre Wange berühren will. Er sitzt vorgebeugt mit hängendem Kopf da, den Blick bittend auf sie gerichtet. Mit schmeichelnder, leiser Stimme redet er auf sie ein. Vergeblich! Sie würdigt ihn keines Blickes. Ihr Handy klingelt, und plötzlich erwacht sie zum Leben, gurrt und kichert. Er sitzt dabei wie ein Häufchen Elend.

Und die zwei da an dem großen Tisch, die so weit auseinander und abgewandt voneinander dasitzen? Da herrscht Funkstille auf beiden Seiten. Er liest intensiv die Zeitung, während sie mit sturem Blick auf die Rückseite derselben starrt. Zwischendurch tastet seine Hand nach der Kaffeetasse. Mit mürrischem Gesicht verfolgt sie die Aktion und rückt den Stuhl zur Seite, damit ihr nichts passiert, falls er die Tasse umwerfen sollte.

Wie wird sich die Beziehung entwickeln?

Die Körpersprache zeigt also einem Beobachter deutlich, wie es um die momentane Beziehung steht. Fachleute können an Körpersprachsignalen sogar ablesen, wie die Beziehung sich in Zukunft entwickeln wird.

Forscher behaupten: Anhand eines Rechenmodells lässt sich heute mit 94-prozentiger Treffsicherheit voraussagen, ob sich ein Paar einmal scheiden lassen wird. Der amerikanische Psychologe John Gottman[5] und sein Team haben dieses Modell entwickelt. Die Forscher erhalten ihre Daten aus Videoaufnahmen von Paaren, die sich vor laufender Kamera über konfliktbeladene Themen wie Sex oder Geld streiten müssen. Schon 15 Minuten lange Sequenzen genügen geschulten Beobachtern, um die Bemerkungen und den Gesichtsausdruck

5 Buchtitel: Gottman, J. M., et al. The Mathematics of Marriage: Dynamic Nonlinear Models (2004)

der Streitenden zu kategorisieren und die Anzahl der positiven und negativen Signale zu errechnen. Zusätzlich werten sie physiologische Messwerte aus, etwa die Pulsfrequenz der Gesprächspartner.

Die wichtigste Erkenntnis aus dieser Forschung: Mimik, Gesten und Tonfall sind entscheidend für die Entwicklung einer Beziehung: Liebevolle Gesten, häufiges Lachen, freundschaftliches Necken – auch in Streitsituationen – bringen emotionale Verbundenheit. Augenrollen und Mundwinkelverziehen dagegen sind tödlich für die Liebe. Sie zeigen Geringschätzung, und die ist laut Gottman »wie Schwefelsäure für die Liebe«.

Zusammenfassung

- Nonverbale Signale zeigen, wie es um die Beziehung steht.
- Liebevolle Mimik und Gestik bringt emotionale Verbundenheit.
- Negative Mimik und Gestik ist Gift für die Liebe.
- 5 :1 - die Idealformel für eine schöne Beziehung.

Rituale stärken die Liebe

Wie Sie zu dieser Idealformel kommen? Ganz einfach: durch Rituale! Rituale stärken die Liebe. In ihnen drücken sich die Achtung, Anerkennung und Wertschätzung aus, die sich die beiden Partner entgegenbringen. Fehlt diese Wertschätzung, kann sich die Euphorie der Anfangsphase nicht in eine dauerhafte, verlässliche, vertrauensvolle Partnerschaft verwandeln. Ohne Rituale verkümmert die Liebe, die Illusionen schwinden, man fühlt sich emotional ausgehungert.

Rituale kehren immer wieder. Sie sind wichtige Ankerpunkte im Alltag, stehen für Nähe und Dauerhaftigkeit. Man kann sich darauf verlassen, sie schaffen Vertrauen und emotionale Sicherheit und stärken das Zusammengehörigkeitsgefühl. Sie machen den Umgang miteinander einfacher und erleichtern Entscheidungen. Durch die Wiederholung weiß man auch ohne Worte, was der andere meint und welche Reaktion er sich wünscht.

Je mehr liebevolle Rituale ein Paar pflegt, umso enger ist die Beziehung. Die Betonung liegt dabei auf dem »liebevoll«. Der hastig besorgte Blumenstrauß zum Hochzeitstag, den man beinahe vergessen hätte, oder das SOS-Geschenk (Socken-Oberhemd-Schlips) unter dem Weihnachtsbaum sind damit nicht gemeint. Solche Pflichthandlungen kommen nicht aus dem Wunsch heraus, einen geliebten Menschen zu erfreuen, sondern man erfüllt lediglich Erwartungen von außen, die oft als Zwang empfunden werden.

Rituale, die die Liebe stärken, entstehen niemals aus Zwängen heraus, sondern aus dem Wunsch, dem anderen seine Zuneigung zu zeigen. Sie leben nicht durch Worte, sondern durch Körpersprache. Oft sind es nur winzig kleine Gesten und Berührungen:

> Ein schelmisches Grinsen bei einem Schlüsselwort oder einem Lied – es erinnert an eine gemeinsam erlebte Situation. Nur die beiden Partner wissen, was es bedeutet.
>
> Ein fester Händedruck in schwierigen Situationen, der zeigt: Ich bin bei dir, ich stehe an deiner Seite.
>
> Ein Augen-Blick in einer langweiligen Gesellschaft, der dem Partner signalisiert: Halt durch, bald haben wir es geschafft.
>
> Ein verheißungsvolles Zuzwinkern, unbemerkt von den anderen, das die Vorfreude auf anschließende leidenschaftliche Stunden schürt.

Ein zärtlicher Stups auf die Nase. Ein sanftes Streicheln über die Haare. Eine leise Berührung der Hand. Die angezündete Zigarette, die man dem Partner weiterreicht. Der Abschiedskuss am Morgen oder die innige Begrüßungsumarmung am Abend ...

Jedes zufriedene Paar hat seine eigenen kleinen Gesten. Sie sind immer wieder neue emotionale Nahrung für die Liebe, stärken die Verbundenheit und lösen Glücksgefühle aus.

Welche Rituale haben Sie?
Diese Frage stelle ich manchmal in meinen Workshops an Paare. »Habt ihr kleine Rituale, die über den üblichen Gutenachtkuss hinausgehen?« Da huscht in der Regel ein Lächeln über die Gesichter ...

Das lockende Eis: »Wenn meine Frau schmollt – so was kommt ja manchmal vor –«, grinste einer meiner Teilnehmer, »dann verzieht sie sich ins Bett. Wenn ich dann mit einer großen Schüssel Eis komme, kann sie der Verlockung nicht widerstehen – und bis die Schüssel leer ist, sind wir auch wieder versöhnt ...«

Der versteckte Mittelfinger: »Wenn mein Mann mich ärgert«, lachte eine andere, »dann zeige ich ihm mit einem breiten Grinsen den versteckten Stinkefinger, indem ich so tue, als würde ich mir mit dem ausgestreckten Mittelfinger die Nase kratzen ...«

Nicht ganz so deutlich: »Wenn meine Frau mich ärgert«, meinte der Nächste, »mache ich eine bestimmte Handbewegung und sage langsam und seufzend: Weißt du, im Moment spüre ich meine Liebe zu dir nicht ganz so deutlich wie sonst ...«

Die Hemdenklappe: Eine impulsive Rothaarige grinste: »Ich rede gern. Manchmal reiße ich in Gesellschaft das

Wort an mich, ohne das zu merken. Mein früherer Mann hat mich dann immer böse angeschaut oder versucht, mich unter dem Tisch zu treten. Das ist natürlich auch den anderen aufgefallen. Es wurde dann immer sehr peinlich, und auf dem Nachhauseweg gab es Krach, weil ich mich mal wieder so aufgespielt hatte. – Mein jetziger Mann macht das anders: Wenn ihm auffällt, dass ich loslege, lächelt er mich liebevoll an und macht eine kleine Handbewegung, so als würde er die Brusttasche auf seinem Hemd glatt streichen oder zuknöpfen. Das merkt niemand und für mich heißt das: ›Klappe zu!‹ Ich bin froh, dass er mich rechtzeitig stoppt, bevor ich wieder ins alte Fahrwasser komme.

Klopfsignale: Ein grauhaariger Mittvierziger amüsierte sich: »Sonntag morgens aale ich mich gern lange in der Badewanne. Irgendwann klopfe ich an die Wand. Das ist das Signal für meine Frau, die daraufhin sofort die Treppe herunterpoltert und mir ausgiebig die Haare wäscht und massiert. Diese Massage genieße ich sehr. Und das sofortige ›Antanzen‹ meiner ansonsten sehr emanzipierten Frau macht uns beiden viel Spaß.«

Candlelight-Bad: »Wir baden gemeinsam«, strahlte ein anderer. »Am liebsten am Wochenende, wenn die Dämmerung hereinbricht. Abends sind wir nämlich meist viel zu müde. Wir machen uns so ein richtig schönes Schaumbad, mit Kerzenlicht und Sekt, und anschließend gehen wir zu unserem Liebeslager, das wir uns vorher im Gästezimmer hergerichtet haben. Da warten dann schon das Massageöl und ein paar sonstige kleine Verwöhnutensilien auf uns. Dazu noch schöne Musik – das ist immer ausgesprochen nett.«

Willkommensgruß: Eine junge Frau meinte: Wir legen großen Wert auf das gemeinsame Abendessen! Auch wenn ich mal sehr spät nach Hause komme, decke ich dennoch liebevoll den Tisch für ihn. Auf die Serviette lege ich immer noch ein Blümchen oder eine kleine Süßigkeit, Kerzen stehen sowieso auf dem Tisch. Es dauert wirklich höchstens eine Minute, dieses Gedeck für ihn herzurichten, aber er freut sich sehr über diesen kleinen Willkommensgruß.«

Der Kuschelkaffee: »Für uns ist der Morgenkaffee ein ganz wichtiges Ritual«, erzählte die Nächste. »Wir trinken jeden Morgen erst mal eine Tasse Kaffee im Bett. Mein Mann setzt ihn abends auf, morgens um halb sieben schaltet die Zeitschaltuhr die Maschine ein, da wachen wir dann meistens von dem köstlichen Duft auf. Ich hole die Tassen, dann kuscheln wir uns erst mal eine halbe Stunde in den Tag, trinken den Kaffee, hören die Nachrichten und Musik und sprechen schließlich noch kurz über das, was uns am Tag erwartet. Dieses Kaffee-Kuschel-Ritual machen wir seit Jahren. Es ist einfach eine schöne Art, den Tag zu beginnen.«

Die Blumentreppe: »Ich mag gern Blumen«, erzählte eine andere aus der Runde. »Mein Mann aber hat dafür wenig Sinn. Er meint, dass ich mir doch beim Einkaufen jederzeit selbst welche mitbringen kann. Aber für mich ist das nicht dasselbe. Ich freue mich einfach viel mehr, wenn ich unvermutet mit einem schönen Blumenstrauß überrascht werde. Eine Freundin hat mir einen netten Trick verraten: Ich stelle manchmal viele leere Vasen auf die Treppe. Er muss immer grinsen, wenn er das sieht – und am nächsten Tag bringt er mir meine Lieblingsblumen mit.«

Rituale geben Halt

Stürmische Zeiten – die gibt es unweigerlich in jeder Beziehung. In solchen Fällen helfen schöne Rituale dabei, in einer Stresssituation innezuhalten und wieder klare Gedanken zu fassen.

Ich erinnere mich noch gut an ein Ritual aus unseren Anfangszeiten, als der Alltag sich im Nerven raubenden Spagat zwischen Haushalt, Patchworkkindern, Job und Hobbys oft sehr schwierig gestaltete. Da kam es ab und zu einmal vor, dass mein Mann abends nach Hause kam und anstatt einer fröhlichen, ausgeglichenen Frau ein schimpfendes, wütendes, emotionsgeladenes Wesen vorfand.

In solchen Situationen pflegte er mir kurz zuzuhören, während er mir in die Augen schaute. Dann breitete er die Arme weit aus und sagte liebevoll: »Ich glaube, du brauchst dringend ein paar Streicheleinheiten!« Dann sank ich schutzsuchend an seine Brust und fand dort Trost. Nach ein, zwei Minuten war ich wieder so weit hergestellt, dass ich in zusammenhängenden Sätzen berichten und die Angelegenheit sachlich betrachten konnte. Und meist fiel mir einfach beim Darüberreden schon eine Lösungsmöglichkeit für das jeweils anstehende Problem ein.

Bei einem Paarseminar erzählte ich von diesem Ritual. Da funkelte eine Frau mich skeptisch an: »Also, das würde ich niemals tun! Wenn ich wütend wäre und mein Mann wollte mich so festhalten – also ich würde um mich schlagen, um mich aus diesem Griff zu befreien!«

Diese Frau hatte eine sehr lebendige, impulsive Gestik. Während sie sprach, umschlang sie sich selbst fest mit beiden Armen, löste die Umklammerung ruckartig und riss sich windmühlenartig aus der imaginären Umarmung heraus. Ich trat schnell einen Schritt zur Seite, sonst hätte ich einen Kinnhaken abbekommen!

Dieses Erlebnis machte mir schlagartig bewusst, welch riesengroßer Unterschied in kleinen Gesten liegt. Sie hatte sich offensichtlich eine Umarmung mit geschlossenen Armen vorgestellt. Eigentlich eine schöne Geste, eine, die Geborgenheit, Schutz und Nähe vermittelt und nach der sich viele Frauen sehnen – solange sie sich dem Partner nahe fühlen und ihm nahe sein wollen.

In dem Fall aber war es anders. Diese Frau erinnerte sich an eine Situation, in der sie keine Lust auf Nähe gespürt hatte, sondern wütend gewesen war und weit weg sein wollen. In dieser Situation hatte sie die geschlossenen Arme wie eine festhaltende Fessel empfunden, die sie hatte loswerden wollen. Eine negative Spirale hatte sich in Gang gesetzt: Je mehr die Frau, die im Allgemeinen kräftemäßig unterlegen war, sich wütend wehrte und loszureißen versuchte, umso kräftiger spürte sie den Druck der Arme, die sie festhielten – umso kräftiger spürte sie auch ihre Wut ...

Im ersten Moment war ich verblüfft. Aber beim Versuch, ihre Reaktion nachzuvollziehen, fiel mir der Unterschied auf: Mein Mann nahm mich nicht in den Arm und hielt mich dort gegen meinen Willen fest. Vielmehr machte er mir ein nonverbales Angebot, in dem er einfach nur die Arme weit öffnete. Diese offene Geste ließ mir die Entscheidungsfreiheit, ob ich sein Angebot annehmen wollte oder nicht. Sein gleichzeitiges verbales Angebot lenkte mich vom aktuellen Ärgernis ab, gab mir Gelegenheit, aus der negativen Gefühlsspirale auszusteigen und langsam das klare Denken wieder einzuschalten. So konnte ich die Angelegenheit mit etwas Distanz betrachten und schnell wieder zur Ruhe finden.

Kennen Sie die Nerven fressende Situation? Da steht ein tobendes, wütendes Energiebündel vor Ihnen, das Sie mit seinem Geschrei zum Wahnsinn treibt. Normalerweise lieben Sie Ihr Kind über alles – aber jetzt, in diesem Moment, würden Sie am liebsten ungeahnten animalischen Instinkten nachgeben und diesem grässlichen Geschöpf wenigstens eine saftige Ohrfeige verpassen, um der eigenen aufflammenden Wut ein Ventil zu geben.

Das tun Sie als liebevolle Eltern natürlich nicht! Im Gegenteil, Sie versuchen, sich selbst und Ihre Stimme in den Griff zu bekommen – was nicht immer gelingt! In Nullkommanix erwischen Sie sich dabei, wie Sie mit Ihrem Kind um die Wette brüllen ...

Verblüffen ist besser als Schreien

Verhalten Sie sich in solch einer Situation beim nächsten Mal anders, als das liebe Kind erwartet. Ihm wird vor Staunen buchstäblich der Mund offen stehen, und es wird das Schreien vergessen.

Ich weiß, das, was ich Ihnen jetzt vorschlage, ist ungeheuer schwer, ein wahrer Kraftakt. Aber probieren Sie es einfach mal aus, wenn Sie wieder in eine solche Situation kommen. Es wirkt nämlich wirklich Wunder:

- Begeben Sie sich auf Augenhöhe mit Ihrem Kind. Knien Sie sich hin, oder setzen Sie sich auf den Boden.
- Atmen Sie ruhig durch. Damit täuschen Sie Ihrem Unterbewusstsein Ruhe vor, und das positive Bodyfeedback kann wirken.
- Schauen Sie Ihrem Kind möglichst liebevoll in die Augen – oder versuchen Sie, wenigstens einen neutralen Gesichtsausdruck hinzubekommen.
- Halten Sie den Mund! Verkneifen Sie sich jedes Wort, das Ihnen auf der Zunge liegt!
- Breiten Sie die Arme weit aus – und warten Sie ab, was geschieht ...

Voraussichtlich wird das Gesicht Ihres Kindes deutlich das gesamte Wechselbad seiner Gefühle widerspiegeln. Wer eine andere Reaktion bekommt, als er erwartet hat, der wird nämlich unsicher. Er muss erst einmal die Lage neu sortieren, eine neue Strategie suchen, das Schubladendenken bemühen und das weitere Verhalten planen.

Und Sie? Voraussichtlich wird aus Ihrem gequälten Lächeln während dieses Vorgangs ein echtes, amüsiertes Lächeln. Ihre Ruhe kehrt zurück, und damit ist die Basis geschaffen für klärendes Nachfragen darüber, was anliegt. Auf diese Weise lassen sich eventuelle Missverständnisse ausräumen oder neue Lösungsansätze suchen, um die Situation zu bereinigen.

Und so ganz nebenbei vermitteln Sie Ihrem Kind auch eine soziale Kompetenz dabei. Die wird es im späteren Leben noch oft brauchen, sowohl in der Partnerschaft als auch im Beruf.

Bleiben Sie am Ball!

Nun haben Sie mich auf einer Reise durch die spannende Welt der Körpersprache begleitet und dabei entdeckt, welch große Wirkung kleine Signale entfalten.

Sie haben gesehen, welch ungeheure Fülle von Details unsere Einschätzung beeinflussen und dass es für einen Menschen unmöglich ist, alle Einzelheiten zu erfassen und blitzschnell richtig auszuwerten.

Sie wissen nun, dass unterschiedliche Menschen ein- und dieselbe Situation unterschiedlich einschätzen, bewerten und urteilen. Mit diesem Wissen sind Sie offen gegenüber anderen Verhaltensweisen und können viel Neues entdecken. Weil Sie nun Alltagsszenen aus verschiedenen Blickwinkeln beleuchten. Weil Sie nun verschiedene Standpunkte einnehmen. Weil Sie nun die Zwischentöne besser hören. Weil Sie sich nun besser in die Gedankenwelt anderer Menschen einfühlen können.

Sie haben es in der Hand

Wenn Sie schon voller Neugierde in der spannenden Welt der nonverbalen Kommunikation experimentiert haben, dann wissen Sie inzwischen: Was geschieht, liegt in Ihrer Hand. Es ist ein schönes Gefühl, Situationen und Atmosphäre im eigenen Sinn mitbestimmen zu können.

Henriette und ich wünschen Ihnen viel Spaß und Erfolg. Schreiben Sie uns doch einmal von Ihren Erfolgen. Wir freuen uns darauf.

henriette@monikawehn.de
www.monikawehn.de